KB074542

일 잘하는 사람의
8가지 비밀

일 잘하는 사람의 8가지 비밀

초판 1쇄 인쇄 | 2019년 03월 26일
초판 1쇄 발행 | 2019년 04월 02일
초판 2쇄 발행 | 2019년 05월 13일

지은이 | 김기호
발행인 | 이혁백

만든 사람들
책임 편집 김경섭 · 박현정 | **감수** 홍민진 · 김의수 | **마케팅** 최윤호 · 박현정 · 구한나 | **홍보** 백광석
디자인 기민주 | **인쇄 및 제본** 예림 인쇄

펴낸 곳
출판사 치읓[치읃] | **출판등록** 2017년 10월 31일(제 000312호)
주소 서울시 강남구 논현동 9-18 4F, 5F | **전화** 02-518-7191 | **팩스** 02-6008-7197
이메일 240people@naver.com | **홈페이지** www.shareyourstory.co.kr

값 16,000원 | **ISBN** 979-11-966125-2-8

이 도서의 국립중앙도서관 출판예정도서목록(CIP)은 서지정보유통지원시스템 홈페이지(http://
www.seoji.nl.go.kr)와 국가자료공동목록시스템(http://www.nl.go.kr/kolisnet)에서 이용하실
수 있습니다. (CIP제어번호: CIP2019007608)

먼저 승진한 동료가 절대로 알려주지 않는 불편한 진실

일 잘하는
사람의
8가지 비밀

김기호 지음

"성과를 내고 싶다면 반드시 읽어야 할 책"

차례

· FACT 1 ·

태도態度

나 혼자 밀렸습니다

회사에서 마음이 떠났다고 느끼는 이유는 무엇일까?
일반적으로는 일이 힘들어서,
혹은 상사나 동료와의 관계가 좋지 않아서일 것이다.
다른 이유도 있겠지만, 인간관계의 이유가 가장 크다.
하지만 무엇보다 근본적인 내면의 이유를 찾아야 한다.

마음이 떠난 사람은
티가 난다

● 원하는 회사에 합격했을 때를 생각해 보라. 얼마나 기뻤는가? 그때의 하루하루는 아마도 꿈과 희망으로 가득 찬 시간이었을 것이다. 하지만 그러한 마음도 시간이 지나면 무감각해지기 마련, 회사생활의 의미는 퇴색되고, 일상 속에서 삶은 무기력하게 흘러간다. 때로는 회사에 출근하는 것이 너무나 힘들다. 벗어나고 싶다고 절규할 수도 있다. 어쩌면 회사에서 마음이 떠났다는 것을 드러내고 다닐지도 모른다. 하지만 마음이 떠났다고 해서 회사를 떠날 수 있는 것은 아니다. 아니, 어떻게 들어온 회사인데 쉽게 떠날 수 있겠는가?

회사를 그만두겠다는 결심을 하기는 쉽지 않다. 속담에 "며느리가 간다 간다 하면서 아이 셋 낳고 간다."는 말이 있다. 이것은 회사를 아무리 그만둔다, 그만둔다 해도 쉽게 그만두기가 어렵다는 것을 보여준다. 때론 억울한 일을 당해도 말하지 못할 수가 있다. 옛말처럼 벙어리 3년, 장님 3년, 귀머거리 3년의 세월을 보내야 할지도 모른다. 물론 이 말의 깊은 뜻은, 아무리 힘들고 어려워도 참고 견디면 좋은 결과가 오는 날이 있다는 의미이다.

그러면 회사에서 마음이 떠났다고 느끼는 이유는 무엇일까? 일반적으로는 일이 힘들어서, 혹은 상사나 동료와의 관계가 좋지 않아서일 것이다. 다른 이유도 있겠지만, 인간관계의 이유가 가장 크다. 하지만 무엇보다 근본적인 내면의 이유를 찾아야 한다. 그러면 대체로 타인보다는 자신에게 이유가 있음을 발견하게 될 것이다. 타인의 말이나 행동에 대한 반응은 나의 몫이고, 그것을 수용하거나 거절하는 것도 나의 몫이다. 따라서 지금 있는 곳만 벗어난다고 해결될 문제인지 깊이 생각해 봐야 한다. 이것은 잘못된 것을 알고도 모르는 척 덮어 버리라는 말이 아니다. 처음 시작할 때의 입사 동기와 사명감을 되돌아봐야 한다. 회사생활에서 마음이 흔들릴 때마다 늘 반복해서 되새겨 봐야 한다.

니체는 "왜 살아야 하는지 그 이유를 아는 사람은 어떤 어려움도 견뎌낼 수 있다."고 말했다. 회사에서 마음이 떠나고 싶어도, 아니 떠났다 해도 자신을 되돌아보고 초심으로 돌아가 생각해봐야 한다. 내가 입사할 때 무슨 마음으로 지원했고, 합격 소식을 들었을 때 어떤 기분이었는지, 그리고 어떤 각오로 회사생활을 시작했는지, 어떤 이유로 지금 같이 떠나고 싶은 마음이 생겼는지 되돌아봐야 한다.

포병장교로 임관하여 1년 정도 군 생활을 하고 있을 때였다. 당시 105

밀리 견인포 부대에서 근무하고 있었는데, 대대 전술훈련평가를 앞두고 훈련을 하던 중 포대(중대) 이동 간에 포 한 문, 즉 넷 포가 장애물로 인해 180도 뒤집어졌다. 며칠 뒤 상급부대 정비팀이 와서 정비하였지만 자신들의 정비영역을 벗어났다고 하며, 대대 전술훈련평가 시 포탄 사격을 하지 않는 것이 좋겠다고 조언했다. 만약 주퇴유(기름)와 질소가스가 혼합되어버렸다면 포탄 사격 시 포신이 폭발할 수 있다는 것이다. 하지만 대대 전술훈련평가를 받는 첫날, 사격하기로 되어 있던 다른 포에 갑자기 문제가 생겨 넷 포로 사격하라는 명령이 하달되었다. 나는 포대의 사격을 통제하는 장교로서, 넷 포는 폭발할지 모르니 사격하면 안 된다고 보고했지만, 그 요청은 승인되지 않았다. 전술훈련평가라 정해진 시간 내에 지시된 포탄 사격 임무를 마쳐야 했기 때문이다. 넷 포와 나의 거리는 약 30m였다. 나는 어쩔 수 없이 대대에서 하달된 사격명령에 의해 "넷 포 준비" 하고 명령을 내렸다. 그러자 포반장은 순간적으로 전화기를 잡고 포 옆에 납작 엎드렸고, 포반원들은 위험을 알고 모두 포 뒤에 정지해 있는 포차 앞으로 뛰어나와 엎드렸다. 오직 포탄을 발사하는 부사수만 그 자리에 서서 방아 끈을 당길 준비를 했다.

　이 모습을 가까이에서 지켜보며, 나는 발사하라는 명령을 바로 내리지 못했다. 아주 짧은 순간, 생각해 보면 5초 정도 될까 하는 순간에 내 인생이 파노라마처럼 지나갔다. 나는 '아! 나도 이제 끝이구나.' 하는 생각과 함께 "넷 포 준비, 쏴!" 하고 급하게 명령을 내렸고, 동시에 전화기를 던지고 포를 향해 뛰었다. 중간쯤 가니 쾅 하고 포탄이 발사되는 소리와 함께 연기가 났다. 넷 포에 도착하니, 방아 끈을 당긴 부사수는 아직도 손을 놓지 못하고 그대로 서서 부들부들 떨고 있었다. 말없이 어깨를 잡아주며, "됐다. 포탄은 날아갔고 포신파열은 안 됐다." 하고 달래니, 그제야 정신이 돌아왔다. 왜 이 병사는 자기도 위험한 줄 알면서 피하지 않았을까? 엎드려서 방아 끈을 당길 수도 있었는데, 왜 평소 훈련한 대로 서서 당겼을까? 곰곰이 생각해 보니 결론은 하나였다. 그는 자기가 맡은 일에 소명을 다하고, 자신에게 부여된 사명감을 지킨 것이다.

이처럼 아무런 대가도 바라지 않고, 심지어 생명의 위험을 느끼면서도 임무 수행이라는 한 가지 이유만으로 자신의 역할을 다하는 사람들이 있다. 군이든 사회든 그들은 왜 그렇게 행동을 할까? 아무리 생각해 봐도 답은 하나다. 그들에게는 어떤 경우에도 자기가 맡은 일에 최선을 다한다는 사명감이 있기 때문이었다. 이 일을 계기로 나는 부하들에게 부끄럽지 않으려고 스스로 결심했다. 언제까지 군 생활을 하든, 결단코 부하들의 목숨 값으로 나의 영달을 찾지 않겠다고 다짐했다. 이것이 바로 내가 지금까지 직장생활에서 가진 사명감이다. 아직도 나는 그 사명감을 가슴 깊이 새기고 지키면서 살아가고 있다.

만약 당신이 회사에서 마음이 떠났다면, 먼저 할 일이 있다. 그것은 초심으로 돌아가, 처음 입사했을 때의 동기를 떠올려 보는 것이다. 혹은 그동안 회사에 다니면서 가졌던 사명감을 생각해 보라. 지금 당신에게 가장 소중한 것이 무엇인지, 당신의 꿈을 이루는 데 먼저 해야 할 일이 무엇인지 생각해 보라. 당신이 상사나 CEO라면, 회사에서 마음이 떠난 사람이라고 해도 그 사람이 그만두지 않는 이상 아직은 내 동료요 직원이다. 그들은 당신을 보며, '조금만 마음잡고 열심히 일하면 될 텐데…….' 하면서 안타깝게 생각할 것이다.

『내가 만난 1%의 사람들』의 저자 잭슨은 "삶의 장소는 오직 여기이며, 삶의 시간도 오직 지금뿐이다. 우리의 기억들은 모두 순간들로 이루어져 있다. 행복은 몇 년, 몇 월, 몇 주일, 며칠이 걸리는 것이 아니라 순간 속에 살 때만 가능한 것이다."라고 했다. 회사에서도 얼마든지 행복을 찾을 수 있다. 지금 이 순간, 나에게 주어진 일에 열정을 다하고, 지금 만나는 동료들에게 정성을 다한다면, 일과 대인관계 모두에서 행복을 누릴 수 있다. 지금 내가 속해 있는 이곳, 여기에서 전력을 다해야 한다.

유튜브에 소개된 소년 천재가 있다. 일본을 뒤흔들어 놓은 '4세의 천재 한국인,' IQ210으로 기네스북까지 올랐던 김웅용이란 사람이다. 1962년생인 그는 생후 11개월 만에 한글과 천자문을 뗐고, 만 3세에 영어, 일어, 독일어, 한국어 등 4개 국어를 유창하게 구사했다. 만 4세에 미적분을 풀어내며 한양대학교 과학교육과에 입학했는데, 이때 IQ210을 기록하며 아인슈타인(IQ180)을 뛰어넘었다. 이후 기네스북에 세계 최고 신동으로 등재되었고, 1967년 일본 후지TV에서 방영한 〈만국 깜짝쇼〉에 게스트로 출연했다. 당시 만 4세였던 그는 일본 도쿄대학 학생 두 명이 간신히 풀어낸 미적분 문제를 단숨에 풀어내 일본열도를 뒤흔들었다. 그리고 만 10세에 미래의 꿈을 품고 미국 항공우주국NASA 연구원이 되었다. 하지만 남다른 천재성에도 불구하고 힘든 점이 있었으니, 바로 대인관계였다. 나이의 장벽 때문에 동료들과 잘 어울리지 못해 극심한 우울증세를 보인 것이다. 또래처럼 평범한 삶을 살고 싶었던 그는 결국 19세에 모든 것을 정리하고 다시 한국으로 돌아왔다. 미국에서 석사과정을 이수했지만, 청강생이었기 때문에 학력을 인정해 주지 않았다. 결국 그는 검정고시로 초등학교 과정부터 고등학교 과정을 마치고, 지방 국립대를 거쳐 현재는 대학교수로 재직하고 있다. 그는 행복에 대해 이렇게 말한다. "사람들은 항상 평범한 행복을 소홀히 하면서 특별한 사람이 되기 위해 노력한다. 그러나 행복이란 우정을 키워주고 학교 친구들과 함께 잊지 못할 순간을 공유하는 것과 같이 우리가 당연한 것으로 받아들이는 평범한 것을 의미한다. 특별함은 평범한 삶만큼 중요하지 않다."

회사생활도 마찬가지다. 내가 현재 생활하고 있는 곳에서 기쁨과 보람을 찾지 못하고 늘 신기루 같은 다른 곳만 바라본다고 저절로 행복해지지 않는다. 지금 있는 이곳에 뿌리를 내리기 위해서는 이 회사에 왜 입사했는지, 입사할 때 자신에게 한 다짐은 무엇인지를 늘 생각해야 하며, 또 소명 의식을 가져야 한다. 어느 회사든 내가 생각하는 것만큼 호락호락하지 않다. 회사든 삶이든 한 곳에 뿌리를 내리기란 쉽지 않다. 하지만 쉽지 않다고 회사를 계속 옮겨 다니는 것은 좋지 않다. 한두 번은 좋을지 몰라도 계속 그러진 않을 것이다. 처음에 목표로 했던 꿈을 이루는 길만 점점 멀어질 뿐이다. 어느 회사로 가든 그것은 본인의 필요에 따라 선택할 문제다. 하지만 정착하지 못하고 반복하여 회사를 옮기는 것은 신중해야 한다. 그런 일이 반복되면 회사는 그에게 중요한 일을 맡기지 않는다. 또한 그런 식으로 회사를 떠나는 사람을 어서 오라고 기다리며 반겨주는 회사도 없을 것이다.

딱, 받는 만큼만
일합니다

● 통계청의 〈2016년 기준 일자리 행정통계 결과〉 자료에 따르면 우리나라 일자리는 2,323만 개다. 직장인의 근속기간은 3년 미만이 56%로 절반 이상이고, 20년 이상은 7%를 차지했다. 평균 근속기간은 5.6년으로 경제협력개발기구 OECD 국가들의 평균 9.4년에 비해 가장 짧았다. 이것은 우리나라 직장인들이 직장을 자주 옮기고 있다는 것을 보여준다. 한편, 김호 〈더랩에이치, The LAB h〉 대표는 〈세바시〉 강연에서, 직장에서 퇴직하는 나이는 평균 52.6세이며, 직장인 중에서 억대 연봉자는 3.2%이고, 임원이 되는 비율은 중소기업의 경우 0.74%이며 대기업은 0.47%라고 밝혔다.

직장에서 얻는 가장 매력적인 보상은 무엇일까? 무엇을 얻기 위해서 힘든 직장생활을 하는 것일까? 아마도 승진과 높은 연봉일 것이다. 연봉을 많이 받으면 좋다. 하지만 연봉 액수에만 관심이 있고 직무나 성과에는 관심이 없다면 직장생활은 매우 힘들어질 것이다. 연봉은 높게 받으면서 일은 편하고, 내 시간을 마음껏 즐길 수 있는 곳, 그런 곳을 보통 '신의 직장'이라고 하는데, 안타깝게도 그런 직장은 별로 없다. 연봉을 많이 준다는 것은 기대하는 성과가 높다는 것인데, 그것은 그만큼 스트레스가 많다는 것을 의미한다. 흔히 교사는 '수업만 안 하면 좋은 직장'이라 말하고, 기자는 '기사만 안 쓰면 최고의 직장'이라 말한다. 즉, 자기가 하고 있는 일에서 스트레스를 가장 많이 받는 분야가 있다면, 그것이 바로 업무의 핵심이다. 그러면 지금 당신이 하고 있는 일에서 무엇을 없애면 가장 좋은 직장이라고 할 것인가? 무엇이 당신에게 가장 많은 스트레스를 주는 일인가?

  많은 사람들은 월급이 적다든지, 일이 너무 많고 힘들다든지, 다른 회사에 비해 복지가 좋지 않다든지, 아니면 상사나 동료와의 갈등이나 그 밖의 여러 가지 이유로 불평을 늘어놓는다. 어쩌면 당신도 그런 사람들 중 하나일지 모른다. 마음속에 조금의 불만도 없는 사람은 없다. 하지만 그러한 불만은 가급적 드러내지 않는 것이 좋다. 예로부터 "발 없는 말이 천리 간다."고 했다. 불평불만을 하는 사람인지 묵묵히 자기 일에 최선을 다하는 사람인지 회사가 모를 리가 없다. 쥐도 새도 모르게 하면 되지 않겠느냐 할지 모르지만, 결국은 "쥐하고 새만 모르고 나머지는 다 안다."는 사실을 본인만 모르게 될 것이다. 스스로 말하지 않아도 시간이 지나면 타인을 통해서 알게 된다는 것이다.

하지만 나와 친한 사람들이 불평을 늘어놓을 때는 어떻게 해야 할까? 이들은 대체로 사람의 감정을 자극하며, 때로는 타인의 의욕을 꺾을 수도 있다. 친한 동료니까 거기에 동조하고 함께 맞춰줘야 할까? 만약 당신에게 그런 동료가 있다면 그들과는 함께 섞이는 것을 피하는 것이 좋다. 그런 사람 옆에 있으면 당신도 피해를 본다. 부정적인 에너지를 드러내고, 시키는 것만 하는 사람과 어울릴수록 당신은 도움을 받기는커녕 오히려 손해를 보게 된다. 유유상종이라고 했다. 당신이 아무리 열심히 일하고 아무리 성과를 올려도, 그 사람과 함께 있다는 선입견 때문에 당신도 그런 사람이라고 평가받게 될 것이다.

꿈을 향해 열심히 살아가는 당신이 일과 삶의 균형 속에서 만족한 생활을 하게 된다면 얼마나 좋겠는가? 일은 적게 하여 스트레스를 받지 않고, 또 보상은 많이 받는다면 더할 나위 없을 것이다. 어떤 이들은 이직을 통하여 이 일을 이루려고 한다. 그렇지만 글로벌 기업이나 발전하는 회사치고 노동의 강도가 약한 곳은 없다. 오히려 겉모습만 보고 이직했다가 "아! 옛날이여"하며 탄식하게 될지도 모른다.

일과 삶의 만족은 결코 개인이 혼자서 이루는 것이 아니다. 그것은 동료와 함께 이루어진다. 회사에는 일이 많아 평일이고 주말이고 가리지 않는 바쁜 사람이 있지만, 조금 여유 있는 사람도 있다. 나도 한창 승진을 꿈꾸고 노력할 때는 몇 년 동안 생활이 '월화수목금금금'이었다. 최근에 '저녁이 있는 삶'을 제도적으로 추진한다고 하는데, 그러면 아마도 저녁을 가지는 대신 아침을 포기해야 할 것이다. 팀원이나 동료가 아무리 바빠도 나 몰라라 하고 칼퇴근 하는 사람도 있다. 자기 일 다 끝내고 가는데 왜 이러쿵저러쿵하느냐고 불편해할 수도 있다. 물론 문제 될 것은 없지만, 이런 사람과는 정서적으로 오래 가지 못한다. 어쩌면 자신이 견디지 못하고 회사를 떠날 수도 있다. 물론 일부러 늦게까지 일하거나 주말도 쉬지 말라는 것은 결코 아니다. 중요한 것은, 회사생활은 혼자 하는 것이 아니라 단체가 한다는 것이다. 동료가 어떤 상황이든 나 몰라라 하고 혼자만을 위해 시간을 갖는 것은 바람직하지 않다.

회사생활이 힘들거나 짜증 날 때가 있다. 그렇다고 자신에게 주어진 일을 소홀히 하지는 마라. 어차피 내가 해야 할 일이다. 어떤 경우라도 자신이 해야 할 일에 최선을 다하여 좋은 결과를 만들어내지 못한다면 변명의 여지가 없다. 아무도 그 사람을 위해 나서주지 않을 것이다. 일과 삶의 균형을 위해서는 주어진 일에도 만족감을 느껴야 한다. 회사에서는 스트레스받고 짜증만 나는데 퇴근하면 삶의 의욕이 넘치고 극도의 만족감을 느낀다면 그 사람에게 회사는 무엇이고, 회사에게 그 사람은 어떤 사람이겠는가? 당신이 원하는 탁월한 결과를 얻으려면 시간을 투자하고 자신을 희생하려는 자세가 필요하다. 당신의 노력으로 기대 이상의 성과를 내는 것이 반복되면 회사는 분명히 매력적인 보상으로 보답한다.

미국의 한 로펌 회사는 변호사를 채용하기 전에 그 부인을 만나 다짐을 받는다고 한다. "당신 남편을 채용하려는데, 내가 하는 말에 동의해야 채용할 것이오. 남편을 포기하시오. 앞으로 당신 남편은 일 년의 절반은 해외에 출장 나가 있을 것이고, 나머지 반년의 절반은 야근을 하고 있을 것이고, 남은 절반의 절반은 업계 인사들의 파티에 있을 것이오. 당신이 남편과 함께하는 삶을 포기하면 좋은 집과 차를 제공하고, 평생 돈 문제로 걱정하지 않게 해줄 수 있소. 동의하겠소?" 부인의 입장에서 돈과 남편 중에 하나를 선택하는 결정이 쉽지는 않겠지만, 우리의 직장생활이 미국보다 더 합리적이라고 말할 수 있을까? 오죽하면 사장이 채용 예정자의 부인을 만나 이런 이야기를 할까? 그만큼 직장생활에서 자신이 원하는 것을 얻기 위해서는 철저한 자기희생이 따른다는 것이다. 받는 만큼만 일한다면, 받는 만큼이 줄어들고 결국에는 일이 없어지게 된다.

"도전의 가장 큰 적은 경험하지 않은 사람들의 조언"이라는 말이 있다. 어떤 일이든 새로운 도전을 위해 조언을 구할 때는, 먼저 고민해 보고 직접 해결해 본 사람과 의논하는 것이 좋다. 그래야 올바른 방향을 알고 준비할 수 있기 때문이다.

꿈을 이루고 싶으면 자기관리를 잘하라. 다른 사람이 부자라고, 얼마의 재산이 있다고, 연봉을 얼마 받는다고 내 것이 되지는 않는다. 지금 내가 어느 위치에 있든, 최선을 다해 성과를 올리는 데 전력을 다해라. 불평하는 동료와 가까이할 필요가 없다. 열심히 최선을 다하는 사람과 가까이해야 배울 것도 있다. 순간순간의 불편함에 너무 과민반응하지 마라. 하지만 자신의 가치를 올리기 위해 언제까지 무엇을 준비하고 어떻게 이루어나갈 것인지는 분명히 정하고, 최선을 다해야 한다. 자신이 받는 만큼 일하지 말고, 일한 만큼 받도록 가치를 올려라. 그러나 회사에서 얻는 무엇보다도 중요한 보상은 일 자체를 즐기는 것이다. 즐기면서 꿈과 목표를 이루어나가면 된다.

아무리 작아도
사소한 일은 없다

● "도대체 할 줄 아는 게 뭐냐?"

김낙회 전 제일기획 회장이 처음 광고회사에 입사했을 때 들었던 애기다. 아이러니하게도, 그는 지금의 경쟁력을 갖게 된 출발점이 바로 이 '열등감'이라고 한다. 사람들의 무시가 자신의 일자리를 지켜내게 만들었던 것이다. 다른 사람들과 비교했을 때 자신이 잘한다고 생각하는 것은 '끈기와 성실함'뿐, 그래서 그의 아이디어는 타고난 재능에서 나온 것이 아니라 시간과 경험, 그리고 노력에서 나왔다. 매일같이 남들보다 1시간 이른 새벽 4시 30분에 하루를 시작했고, 그렇게 30년을 한결같이 생활했다. 하루에 1시간이면 1년에 365시간, 30년이면 약 1년 반이라는 시간을 번 것이다. 성실함은 결코 그를 배신하지 않았다.

30년 동안 매일 1시간씩 일찍 일어난다는 것은 결코 쉬운 일이 아니다. 그의 '끈기와 성실함'은 쉽게 따라 하지 못할 일이다. 하지만 10분 일찍 일어나는 것은 어떤가? 매일 20페이지라도 꾸준히 책을 읽는 것은 어떤가? 건강관리와 자기 계발을 위해 매일 조금씩 노력해보는 것은 어떤가? 얼핏 보면 사소하고 보잘것없는 일 같지만, 10년, 20년을 지속해서 그렇게 행한다면 마치 작은 나비의 날갯짓이 큰 돌풍을 일으키듯 엄청난 일을 만들어낼 것이다. 그러므로 시작을 주저하게 만들고, 또 끈기 있게 지속하려는 마음을 방해하는 심리적인 장애물이 있다면, 그것부터 먼저 걷어내야 한다.

마이클 레빈은 『깨진 유리창의 법칙』에서 "성공은 치열한 경쟁이나 값비싼 홍보 마케팅과 원대한 비전에만 의존하는 것이 아니라, 지금 하고 있는 일의 작은 부분을 챙기는 데서 결정된다."고 했다. 유리창이 깨진 집이 있으면 아무나 돌을 던지게 되고, 그러다 보면 옆집의 멀쩡한 유리창도 망가지게 되어 혼란이 가중된다.

2018년 10월 6일 경기도 고양시에 위치한 저유소에서 풍등 화재 사고가 발생했다. 외국인 근로자가 날린 풍등이 저유소 탱크 인근 제초 된 건초에 떨어지면서 불씨가 붙어 탱크가 폭발한 것이다. 이 사고로 화재 진화에 약 17시간이 소요되었고, 117억 원의 재산 손실이 발생했다. 동년 12월 17일 사고원인 조사 결과를 보도한 〈연합뉴스〉에 따르면, "안전 관리자인 B씨 등은 위험 방지를 위해 안전관리 규정을 철저히 준수하고 송유관 시설을 관리할 책임과 의무가 있음에도 탱크 주변 제초작업 후 제초한 풀을 제거하지 않아 불이 옮겨붙기 쉬운 건초가 된 상태로 내버려

둔 혐의를 받고 있다."고 했다. 사소한 부주의가 대형 사고를 일으킨 예이다.

왕중추는 『디테일의 힘』에서 "모든 일에는 정도가 있다. 작고 사소한 부분까지 모두 완벽한 사람은 이 세상에 없다. 모든 고객을 만족시키는 것도 불가능하다. (중략) 일을 잘 해내고 싶은 욕구, 완벽함을 추구하는 마음이 있어야 한다. 작고 사소한 것을 무시하면 만회할 수 없는 심각한 타격을 입을 수 있다. 천 리 둑도 작은 개미구멍 때문에 무너진다."고 하면서, 아무리 사소한 일도 결코 가볍게 보면 안 된다고 했다.

업무를 잘못 처리하여 사소한 일로 회사나 다른 사람에게 손해를 끼치는 사람이 간혹 있다. 문제는 손해를 끼친 장본인은 그것을 그리 심각하게 생각하지 않는다는 것이다. 그렇다고 불러서 따질 수도 없는 노릇이니, 그의 무관심에 마음의 찌꺼기만 남게 될 뿐이다.

군대에서 포병에 대한 평가는 대체로 '치밀하다,' '꼼꼼하다'는 것이다. 포탄 사격을 위한 사격제원을 계산할 때, 좌표에 대한 숫자 하나만 틀려도 적을 향해 쏘아야 할 포탄이 아군의 머리 위에 떨어질 수 있기 때문에 꼼꼼하지 않으면 안 된다. 이처럼 사소하게 처리하는 하나의 일이 회사에서는 막대한 손해를 가져올 수 있고, 군에서는 아군의 생명을 빼앗을 수 있다. 따라서 세심하게 생활하고 처리하는 것은 평소에 습관이 되어 있어야 한다. 그렇지 않으면 막대한 손실을 본 후에 후회하게 된다. 세심한 업무처리는 시기를 놓치지 않는 한 아무리 지나쳐도 과하지 않다.

다음은 TV 프로그램 〈서프라이즈〉에서 발췌한 내용이다.

B 콜라 회사는 경쟁사에 뒤지는 매출을 높이기 위해 포인트 증정 이벤트를 했다. 콜라 1박스에 10포인트를 주고, 80포인트에는 티셔츠를, 400포인트에는 재킷을 사은품으로 걸었다. 또 15포인트부터는 점수가 모자라면 돈으로 채울 수 있도록 했다. 돈으로 채울 시, 1포인트당 10센트를 내야 한다. 여기에 특별한 사은품을 추가로 걸었으니, 700만 포인트가 되면 '헤리어 전투기'를 사은품으로 준다는 것이었다. 이에 대해 학생이 전투기를 타고 등교하는 모습을 홍보영상으로 방송하기도 했다. 700만 포인트는 콜라 1,680만 병에 해당하는 것으로, 이는 서울과 부산을 왕복으로 세워놓는 숫자라, 아무도 가져오지 않을 거라고 생각한 것이다.

　그런데 존 레너드라는 한 젊은이가 700만 포인트를 만들어 전투기 지급을 요청했다. 그는 우선 15포인트를 만들고, 700만 포인트에 해당하는 70만 달러를 투자받아 점수를 채웠다. 당시 헤리어 전투기값이 2,300만 달러였기 때문에, 이는 큰 이득이 남는 장사였던 것이다. 회사에서는 처음에 장난으로 생각하고 해결하려 했으나, 이는 결국 법정으로까지 갔다. 1999년, 4년간의 법정 공방 끝에 미국 맨해튼 연방법원은 전투기를 지급할 의무가 없다고 콜라 회사의 손을 들어주었으나, 법원의 판결은 많은 논란을 가져왔고, 존 레너드 역시 투자금 이상의 돈을 받아 손해 보지는 않았다. 이후 콜라 회사는 헤리어 전투기를 교환할 수 있는 포인트를 기존의 100배인 7억 포인트로 올렸으나, 이 일로 회사의 명예는 크게 실추되었다.

　흔히들 "사소한 일에 목숨을 걸지 말라"고 한다. 그러나 때로는 사소한

　　　　　　　　　　　　　　　　　　　　　　　　FACT 1 | 태도 態度

것에도 목숨을 걸어야 한다. 아무리 큰 기업도 그 무너지는 것은 사소한 것에서 시작하기 때문이다. 회사에서는 큰일 하는 사람이 따로 있고 사소한 일 하는 사람이 따로 있는 게 아니다. 옛말에 "하나를 보면 열을 안다."고 했다. "사자는 토끼 한 마리를 잡을 때도 최선을 다한다."는 말도 있다. 이처럼 아무리 사소하다고 생각되는 일도 최선을 다하여 좋은 성과를 내야 한다. 그러지 못하면 회사는 그 사람에게 결코 중요한 일을 맡기지 않을 것이다. 일의 크고 작음이 중요한 게 아니다. 어떤 자세와 태도로 일을 성사시키느냐가 중요하다. 나는 사무실에 직원이 여러 명 있어도 급하게 처리해야 하거나 아주 중요한 일이 있으면, 대체로 한가한 사람이 아닌 가장 바쁜 사람에게 일을 시킨다. 그 사람에게 일이 집중되는 것을 보면 그의 업무 능력을 인정할 수 있기 때문이다. 그는 중요하든 중요하지 않든 대충 일하지 않고 온 힘을 다해 일한다.

전옥표는 그의 저서 『이기는 습관』에서 이렇게 말한다. "성공과 실패의 엄청난 차이를 만들어내는 일들도 막상 그 과정을 들여다보면 어처구니없는 사소한 것 한두 가지 때문인 경우가 많다. 광고문 안의 단어 하나, 쉼표 하나도, 마케팅의 마지막 단계에서 이루어지는 아주 보잘것없는 실행 툴 하나도, 고객 한 분 한 분에 대한 응대에도, 매장에 진열된 제품 하나하나의 위치까지도 집요하게 고민하고 점검해야 한다. 역사를 바꾼 큰사건들도 사실은 사소한 일이 발단된 경우가 대부분이다."

옛말에 "될성부른 나무는 떡잎부터 알아본다."고 했다. 사소한 일이라고 소홀히 하면, 그 사람에게는 아무도 중요한 일을 맡기지 않는다. 그는 심지어 자신이 원하는 일도 맡지 못할 것이다. '사소한 일'이란 없다. 사소하다는 것은 '내 생각'일 뿐이다. 상사는 그렇게 생각하지 않는다. 어떤 일이든 최선을 다하는 사람과 중요도를 가려가며 일하는 사람은 일을 대하는 태도가 다르다. 그리고 그 결과는 엄청나게 차이가 난다. 미세함의 차이가 궁극의 차이다. 큰 둑이 무너지는 것도 조그마한 개미구멍 때문이라는 것을 명심해야 한다.

때론 태도가
모든 것을 좌우한다

● 직장은 혼자 일하는 곳이 아니라, 사람과의 관계 속에서 생활하는 곳이다. 관계란 한 마디로, '서로 간의 주고받기'이다. 말로, 표정으로, 혹은 행동으로 하는 서로 간의 감정이나 의사 표현 속에서 우리의 관계는 형성된다. 그런데 이러한 관계에 가장 큰 영향을 미치는 것이 다름 아닌 당사자의 태도이다. 태도란 어떤 일이나 상황에 직면했을 때 갖는 입장이나 자세를 의미하며, 여기에는 타인을 대면했을 때 드러나는 언어적 표현이나, 표정 또는 몸짓이 포함된다. 회사생활이 힘들게 느껴지는 것은 자신이 원하는 것을 얻지 못하거나 업무가 힘든 경우도 있지만, 다른 사람과의 관계에서 드러나는 태도 때문인 경우도 많다. 미국의 헨리 클레이는 "명예로운 사람이 가진 자산 중에서 성품보다 더 중요한 것은 없다."고 했다.

사람이 일상생활에서 갖추어야 할 모든 예의와 절차를 일컬어 예의 범절禮儀凡節이라 한다. 여기서 예의禮儀는 사회생활이나 사람 사이의 관계에서 존경의 뜻을 표하기 위해 예로써 나타내는 말투나 몸가짐을 말하며, 범절凡節은 규범이나 도리에 맞는 모든 질서나 절차를 말한다. 따라서 예의범절이 서로 지켜지는 경우라면 관계에서 불편한 일은 거의 없다. 하지만 이런 예의범절 중에서 관계를 불편하게 만드는 중요한 요인을 하나 선택하라면, 그것은 바로 태도이다.

타인에게 태도가 좋지 않다고 느끼게끔 행동하는 경우는 어떤 경우일까? 자신이 원하는 것을 이루지 못했거나, 얻지 못했을 때 또는 자신의 의견이 받아들여지지 않고 거부되거나 무시될 때, 기대에 미치지 못하는 상황에 직면했을 때 같은 경우일 것이다. 그 외에도 기존의 관계들이 이제는 자신과 상관이 없다고 느끼는 등, 다양한 경우에서 우리는 상대방을 무시하거나 가볍게 대하게 된다. 자신은 모르지만, 상대방은 매우 불편하게 느껴지는 말이나 행동, 표정으로 불손한 태도를 보이는 것이다. 반대로 그런 상황에서도 자신의 일 가운데 친절과 봉사를 다 하는 사람들이 있다.

다음은 자신의 직분에 충실한 태도로 고객에게 감동을 준 경우다.

어느 비 오는 날 오후, 한 중년 부인이 미국 피츠버그의 한 백화점으로 들어가 목적 없이 서성거리며, 물건은 사지 않고 점원들에게 계속 말을 걸었다. 직원들은 대부분 그 부인을 한번 위아래로 훑어보고는, 그녀와 눈이 마주치는 것을 피하며 물건을 정리하는 척했다. 그런데 어느 남자 직원이 부인을 보며 "무엇을 도와드릴까요?" 하며 정중히 물었다. 부인은 "아니에요, 저는 그냥 비가 그치기만을 기다리고 있어요."라고 대답하며, 물건을 살 생각이 없음을 분명히 했다. 하지만 그 직원은 사지 않아도 괜찮다며, 부인에게 백화점 물건들을 최선을 다해 설명해 주었다. 심지어 부인이 나가려 하자 배웅해 주며 우산까지 펴주었다. 그녀는 그 직원에게 명함 한 장을 요구하여 받아갔다. 그 후로 몇 달이 흘렀고, 그 직원은 이 일을 까맣게 잊어버렸다.

그러던 어느 날 백화점 사장이 그 남자 직원을 불러 편지 한 장을 보여주었다. 내용인즉, 스코틀랜드로 사람을 보내 자신의 저택에 들여놓을 가구를 주문받아 달라는 요청이었다. 편지를 보낸 사람은 놀랍게도 몇 달 전 비를 피해 백화점으로 들어왔던 부인으로, 바로 '철강 왕 앤드루 카네기의 어머니'였던 것이다. 카네기 여사의 편지에는 얼마 전 자신을 도와주었던 그 젊은 남자 직원이 주문을 받았으면 한다고 쓰여 있었다. 카네기 부인의 주문량은 어마어마했고, 그 남자 직원은 높은 자리로 승진할 수 있었다. 이는 전혀 물건을 구매할 것 같지 않은 고객에게도 최선의 친절을 다한 것에 대한 포상이었다.

이처럼 다양한 사람이 모여 하는 유사한 일도, 매일매일 반복되는 사소하게 보이는 일도 어떠한 태도를 가지고 생활하느냐는 자신뿐만 아니라 회사의 발전에도 큰 영향을 끼친다.

그러면 어떤 경우에 상사나 부하, 동료에게 좋지 못한 행동이나 태도를 보이는 것일까? 먼저 자신이 원하는 보직이나 성과에 대한 보상, 기대하는 승진 등이 기대만큼 충족되지 못했을 때다. 이러한 경우에는 특히 말과 행동을 조심해야 한다. 자기가 나쁜 상황에 부닥쳤을 때 절제하는 모습이 그 사람의 진면목일 수가 있다. 한두 번 승진이 늦었다고 푸념만 하면 다음 해에도 극복하기 어려울 것이다. 두 번째는 대인관계에 따른 불편함이다. 자신의 견해에서는 대수롭지 않은 말도 상대방 처지에서는 매우 불편하게 다가올 수 있다. 이때 자신보다는 상대방의 입장이나 상황을 배려하며 대화를 한다면, 불편한 관계나 좋지 못한 태도가 나타나는 것을 방지할 수 있다. 셋째, 부하직원이 상사에게 항의하거나 불손하게 대해 놓고, 그것을 마치 무용담처럼 자랑스럽게 이야기하는 경우가 있다. 상사의 조그마한 실수나 잘못된 판단으로 하급자를 불편하게 만들었을 때 그런 일은 더욱 일어난다.

나 역시 그런 잘못된 행동으로 원하는 시기에 승진하지 못한 경험이 있다. 3년간 회사의 중요한 프로젝트를 수행한 이후 당연히 승진할 수 있는 기회를 놓친 것이다. 사실 당시 나의 행동에는 다소 문제가 있었다. 바로 직속 상사가 원하는 일을 등한시한 것이다. 진행 중인 프로젝트는 몇 명이 팀을 이루어 추진하고 있었고, 직속 상사는 그 일에 직접 관여하지 않은 관계였다. 이러한 상황에서 나는, 상사가 업무에 자꾸만 개입하여 공로를 가로채려고 한다는 느낌을 받았다. 특히 프로젝트 막바지의 가장 바쁜 상황이었기 때문에, 순간적으로 불편한 감정이 들어 불손한 태도를 보이고 말았다. 나는 대수롭지 않게 생각했지만, 나를 평가하는 중요한 순간에 상사에게 불손한 태도를 보인 것이 회자되어 결과적으로 가장 바라고 있던 승진에서 누락되는 아픈 결과를 가져왔다. 나로서는 왜 승진이 안 되었는지 알 수가 없었다. 우연한 기회에 인사담당자를 만나 상담하는 과정에서, 승진이 안 된 이유와 내년에 승진을 하기 위해 무엇을 준비해야 하는지를 물어본 결과 너무나 충격적인 사실을 들을 수 있었다. "다른 것은 다 갖췄는데, 주변에서 안 좋은 평판이 들린다. 그 부분을 신경 쓰면 좋겠다." 결국 나는 다음 승진 때까지 약 1년을 주변과의 관계와 상사에게 불손한 태도를 보인 것을 만회하고자 노력해야만 했다.

　직장인 A는 가정과 직장에서도 생활의 안정을 유지하면서 살아가고 있었다. 그는 오래전부터 자신에게 많은 도움을 주고 삶의 멘토가 되어 준 존경하는 은사님을 만나기로 약속했다. 당일 약속 장소에 미리 도착하여 기다리다가, 부인과 통화 중 다른 중요한 일을 해야 하는 상황을 맞게 되었다. 그는 약속 시간 10분 전에 은사님께 전화하여, 다음으로 약속을 미루어 달라고 요청하였다. 거의 목적지에 도착한 은사는 갑작스러운 제자의 전화를 받고 당황했지만, 그렇게 하자고 말할 수밖에 없었다. 그 은사는 쓸쓸히 돌아갔으며, 두 번 다시 그 제자를 만나는 일은 없었다. 문제는 A가 자신이 은사님께 무엇을 잘못했는지도 모르고 있다는 것이다.

　미국 교도소에 수감되어 있는 16만 명의 성인 수감자에게 설문 조사한 결과를 보면, 남녀 수감자 중에서 92%가 자신의 에너지를 긍정적인 방향으로 이끌어주는 자제력이 부족했기 때문에 수감되었다고 말한다. 이처럼 회사에서 자제력이 부족하여 불행을 겪는 사람들은 순간적으로 불손한 태도를 보임으로써 잘못되는 경우가 매우 많다.

　장동인·이남훈의 저서 『공피고아 攻彼顧我』에서는 상사와 대화하는 것의 중요성을 잘 이야기해주고 있다.

"상사는 의외로 부하의 업무성과를 자세히 기억하지 못할 때가 있다. 하지만 부하와 대화한 내용은 분명히 기억한다. 때로는 부하와 나눈 커뮤니케이션 방식, 내용, 논리 등으로 부하를 판단하는 경우도 있다. 따라서 늘 자신의 말에 논리를 실을 수 있도록 생각을 많이 해야 한다. 만약 논리가 정확하게 서지 않았을 때는 차라리, 그 문제에 대해서는 깊이 생각해보지 못했습니다. 좀 더 생각해서 말씀드리겠습니다. 정도로 말하고 빠져나가면서, 당황하지 말고 침착하고 협조적으로 대화를 풀어나가야 한다. 이것은 당신의 승진과도 직접 연관되는 중대한 사안이다. 그러니 항상 준비하라."

예의범절은 직장이나 사회생활, 혹은 대인관계 어디서나 사람의 됨됨이를 평가하는 기준이다. 회사에서도 품성과 자질은 매우 중요한 요소이다. 그중에서도 중요한 것 하나를 선택하라면, 나는 주저 없이 '태도'라고 말할 것이다. 회사는 업무적으로 유능한 사람이 필요하다. 하지만 품성이나 태도가 불손하거나 나쁘다면 문제가 달라진다. 자신이 맡은 프로젝트는 잘 수행한다. 능력이 있어 당장 급한 일도 잘 처리한다. 하지만 중요한 순간에 원하는 것을 얻기는 어렵다. 원하는 것을 얻으려면 언어적 표현이나, 표정 또는 몸짓 등에서 올바른 태도를 가지는 것이 무엇보다도 중요하다.

어려울 때 나서는 사람이
필요하다

● 회사가 역경에 처하거나 어려운 상황에 부딪혔을 때 당신은 어떻게 하겠는가? 이런 상황이 닥치면 많은 사람들은 자신만 살아남으려고 처신한다. 회사와 아무런 관련이 없는 사람인 양 행동하는 사람이 많다. 어떤 이들은 회사가 어렵게 되도록 원인을 제공한 사람들을 원망하기만 한다. 이런 회사 따위 그만두겠다고 이직을 결심하는 극단적인 경우도 있다.

자, 회사는 어려움에 부닥치면 필요한 모든 방법을 동원해서 해결하려고 노력한다. 여기서 '모든 방법'이란 평소에 하지 않던 일이나 틀에서 벗어난 방법까지를 말한다. 그만큼 회사가 어렵다는 말이다. 이러한 상황에서 모두가 망연자실하여 손을 놓고 있다면 회사의 어려움은 결코 해결되지 않을 것이다. 이럴 때 발 벗고 나서서 어려움을 해결하려는 사람이 있다면 얼마나 좋을까? 모두에게 힘을 주면서 역경을 극복하게 도와주는 사람, 그래서 결국 해결해내는 사람이 있다면 그는 진정 회사의 보배 같은 존재일 것이다.

어려울 때 회사를 돕는 사람, 즉 회사가 필요로 하는 사람의 가장 큰 특징은 '충성심'이다. 회사는 직원에게 열정과 능력, 성실성, 창의성, 인내심 등 여러 가지를 요구한다. 하지만 다른 모든 것들을 갖추고 있다 해도 한 가지가 결여되어 있으면 그 사람은 회사에서 발탁되지 않는다. 그 한 가지가 바로 회사에 대한 충성심이다. 거꾸로, 다른 모든 것들이 부족해도 충성심 하나만 제대로 갖추고 있으면 기꺼이 발탁될 수 있다. 회사에 충성을 다하며 헌신하는 직원을 발탁한다면 회사로서는 숨겨진 보물을 얻는 것이다. 하지만 유능하고 열정적으로 일하는 직원이 회사에 충성심을 갖고 있지 않다면, 회사로서는 시한폭탄을 안고 있는 것과 다를 바 없다.

『김밥 파는 CEO』에서 김승호는 이렇게 말한다. "아무리 작은 사업체라도 한 업체의 꼭대기에 앉아본 사람들은 '왜 아부쟁이가 승진하는가?'에 대한 비밀을 안다. 직원을 고용하거나 승진을 시켜야 할 경우 학력이 높은 직원과 열정이 많은 직원 중에 누가 선정될까? 사장 노릇 몇 년 해본 사람이라면 당연히 열정이 많은 사람을 선정한다. 그러면 열정을 가진 사람과 충성이 강한 사람 중에서는 누굴 고를까? 충성심이 높은 사람을 고른다. 이유는 의외로 단순하다. 사장이라는 자리는 자신의 이익을 위해 직원을 고용하거나 승진시킨다. 능력이 많은 직원은 생산비용에 비해 고용 비용이 많이 들거나 대부분 쉽게 이직하는 경향이 있다. 능력이 아주 뛰어나면서도 열심히 일하고, 이직도 하지 않는다면 사장을 상대로 흥정과 협상을 시도하기도 하며, 동료나 부하직원을 꾀어 한꺼번에 창업에 나서거나, 단체로 이직을 하게 하기도 한다. 주식으로 말하면 오를 대로 오른 주식이다. 이런 이유로 사장 처지에서는 능력 있는 직원보다 충성심 높은 직원이 효율적 이익을 발생시킬 수 있음을 알게 된다."

2017년 8월 〈경찰청 산업기술유출수사센터〉에 따르면, 4월부터 7월까지 4개월간 적발된 산업기술 유출은 60건, 검거 인원은 139명에 달했다. 발생 건수로 볼 때 전년 동기보다 54% 급증한 규모라 한다. 기술 유출은 해마다 100건 안팎이 적발되지만, 이 추세라면 한 해 동안 200건 수준으로 급증할 것이란 분석이다. 기업 생존에 결정적인 영향을 미치는 고급 기술의 유출이 다수 확인된 점도 특징이다. '휘어지는 디스플레이'를 만드는 은나노와이어 제조기술, OLED(유기발광다이오드) 증착기술 등 산업통상자원부가 '국가 핵심기술'로 지정한 특급 기술의 유출 시도가 연이어 적발됐다. 내부자나 마찬가지인 퇴직 직원의 범행 비율이 73%로 압도적이었으며, 퇴직 후 경쟁 업체에 돈을 받고 기술을 넘기거나, 빼돌린 기술로 창업하는 사례가 다수였다. 유출 범행의 79%는 이메일이나 외장 메모리 등을 활용한 것으로 조사됐다. 정보기술IT 발달로 기술 빼돌리기가 한결 쉬워졌다는 의미다. 이렇게 회사의 사활이 걸려있는 최신 기술을 빼돌리는 것은 어마어마한 타격을 준다. 이런 것들을 볼 때, 회사 차원에서는 충성심이 강한 직원이 무엇보다도 중요하다.

그러므로 회사가 원하는 직원은 회사에 뼈를 묻겠다는 각오로 충성을 다하여 근무하는 직원이다. 흔히 충성이라 하면 군대를 생각할 텐데, 회사에 대한 애사심과 충성도야말로 회사생활에서 가장 중요한 요소임을 알아야 한다. 충성심이 약해 중요한 자리를 얻지 못하고 있다는 것도 모르면서 회사를 떠날 생각만 한다면, 생각을 달리해야 한다. 어느 회사도 충성심 없는 직원을 중용하지 않는다. 그러므로 지금부터 회사를 대하는 마음과 태도를 달리 가져보라. 지금까지 마음에 가득 품었던 불평불만을 내버리고 충성심을 가져보라. 그러면 힘들었던 직장생활이 달라질 것이다. 지금까지는 능력을 발휘해도 회사가 알아주지 않았겠지만, 이제부터는 회사도 당신을 다르게 바라볼 것이다. 마침내 새로운 기회가 당신에게 열릴 것이다.

하지만 회사가 원하는 충성심은 한 번 갖고 마는 것이 아니다. 어려울 때 강하게 한방 보여주는 것도 좋지만, 그보다는 사소한 것이라도 자주 표현하는 게 좋다. 자신이 수행하는 업무뿐 아니라, 상사나 동료, 그밖에 회사와 관련된 모든 사람들에게 더욱 열정적이고 적극적으로 애정을 표현해보라. 또 있다. 좋은 성과를 내면 좋겠지만 간혹 원하지 않는 결과가 나올 때도 있을 것이다. 그럴 땐 남에게 책임을 전가하지 말고 스스로 책임지는 자세를 가져라. 책임을 전가한다고 자신의 문제가 없어지는 것이 절대 아니기 때문이다. 그러므로 열정적으로 일하되 결과에 대해서 책임지는 자세를 항상 유지해야 한다.

어려울 때 나서는 사람은 대부분 적극적인 사고방식을 가지고 있다. 『결국 이기는 사람들의 비밀』에서 리웨이원은 이렇게 말한다. "적극적인 사고방식을 자신의 것으로 만들면 자신감이 저절로 형성된다. 이것은 긍정의 에너지를 내뿜고 다시 사람들을 끌어모으기 때문이다. 적극적인 사고를 하는 사람은 불평하지 않고, 스스로 격려하며 해결책을 모색한다. 또한 잠재능력의 최대치를 발휘하며, 역경 앞에서 의기소침하거나 체념하지 않는다. 이들은 인생의 밑바닥에 직면했을 때조차도 어떻게든 자신을 성장시킨다."

그래서 회사가 어려울 때 나서는 사람의 또 다른 특징은 '주인의식'을 갖는다는 것이다. 그들은 자신을 사장, 즉 고용주와 같이 인식하는 습관이 있다. 이러한 습관을 지닌 사람은 중대한 책임감으로 업무를 수행한다. 지시받기도 전에 스스로 일을 찾아서 추진한다. 이러한 적극적인 행동이 강한 집중력과 추진력이 되어 업무의 성과를 크게 올리는 것이다.

"강자는 희생을 통해 자신을 높이고, 이기심 앞에서 자신을 낮춘다."는 말이 있다. 자신을 희생하며 어려운 일도 솔선수범하는 사람, 회사나 부서를 위해 힘든 일도 마다치 않고 언제나 자기 일처럼 나서는 사람을 회사는 원한다. 좋은 일만 함께하고 어려운 일은 피하는 사람은 회사도 기피한다. 회사가 어려울 때, 남들은 모두 피하는 상황에서도 사장처럼, 내 일처럼 강한 충성심을 가지고 앞장서서 해결하는 직원이라면 회사는 참으로 고마움을 느낄 것이다. 개인관계도 마찬가지 아닌가? 내가 힘들고 어려울 때 도와주는 사람을 어찌 고마워하지 않겠는가? 회사 역시 힘든 상황에서 혼신의 힘을 다하여 해결하는 직원을 사랑한다. 언제나 그 직원을 아끼고 또 키울 수밖에 없는 것이다.

늘 정당하게
평가받을 수는 없다

● "재주는 곰이 부리고 돈은 되놈이 가져간다."는 속담이 있다. 일한 대가를 바르게 나누지 못한 것에 빗댄 말이다. 어떤 일을 마치면 기여도에 따라 논공행상이 이루어진다. 특히, 선거 시기만 지나면 논공행상에 따른 인사 문제로 어느 곳이든 부작용이 나타난다. 회사에서도 마찬가지다. 자신의 열정적인 노력으로 얻은 좋은 성과를 남이 가로채면 좋아할 사람은 아무도 없다. 그러나 기억해야 할 사실이 있다. 이러한 성과는 대부분 한 사람에 의해 이루어지지 않는다는 것이다. 그리고 성과에 대하여 평가하는 것은 내가 아니라, 전적으로 인사권자의 몫이다.

자신이 이룬 성과에 대하여 회사에서 주는 보상에 만족하지 못하고 불만을 가질 수도 있다. 주변에서 볼 때는 염불보다는 잿밥에만 관심이 있는 사람, 공명심만 가지고 일하는 사람으로 비쳐질 수도 있으나, 남보다 기여도가 높은 사람으로서는 충분히 가질 수 있는 불만이다. 업무 성과에 대한 회사의 평가는 전체적인 틀에서 이루어지는 것이지, 어느 특정한 사람을 위해서만 이루어지는 게 아니다. 그러다 보니 프로젝트를 성공적으로 수행한 개인이나 팀의 측면에서 보면 결과에 대해 서운함을 가질 수도 있다. 그러나 그것은 오히려 좋은 기회가 되기도 한다. 이러한 상황을 통해 불편한 마음에 대한 '회복 탄력성'을 키워, 자신에게 닥치는 어려움과 역경을 극복하고 도약의 발판을 마련할 수 있기 때문이다.

다음은 윤홍균 정신건강의학과 전문의 칼럼에서 발췌한 내용이다.

"직장인들은 자신이 얼마나 가치 있는 일을 하고 인정받는지가 자존감에 큰 영향을 미친다. 타인이 자신을 필요로 하고, 현재 맡은 역할이 존중받는다면 자존감도 상승한다. 반면, 수시로 실적과 능력이 시험대에 오르고, 동료와 비교당한다면 자존감은 위기를 맞는다. '나는 별 볼 일 없는 사람이구나.' 하는 인식은 우울과 불안으로 이어진다."

자신이 중요한 일을 하는 사람이며 자신 때문에 좋은 결과를 얻었다고 생각하는 사람들은 그 성과에 대해서도 당연히 보상을 받아야 한다고 생각한다. 아마도 모든 사람이 그렇게 생각할 것이다. 하지만 이러한 생각에 빠져 있으면 마음만 힘들고 어려워진다. 프로젝트가 성공하는 데 실질적으로 중요한 역할을 담당하며 열정적으로 노력했지만, 정당하지 않은 보상을 받거나 낮은 평가를 받았다고 생각해 보라. 아마도 자신이 하찮은 존재로 느껴질 것이다. 자존감도 매우 낮아진다. 성과에 대한 보상이 기대 이하로 나타나면 더욱더 그렇다. 승진이나 금전적인 면에서 기대 이하의 결과가 나타나면 그 아쉬움은 매우 커진다. 하지만 조직에서는 이런 일들이 자주 발생한다. 대체로 회사에서는 큰 보상보다는 사소한 격려 차원으로 끝나기 마련이다. 그러므로 자신이 원하는 보상과 차이가 나더라도 너무 아쉬워하지 마라. 그런 보상이 쌓이고 쌓이면 큰 보상이 될 것이다.

성과에 대한 결과가 원하지 않는 방향으로 나타나 인정하기 어려워진다면, 남을 탓하기보다 가급적 자신을 되돌아보고 수용해야 한다. 이미 나온 결과에 아쉬움을 표현하기보다는 스스로 돌아보며 왜 그렇게 되었는지, 자신이 무엇이 부족했는지, 아니면 회사가 원하는 것과 내 인식에 어떤 차이가 있었는지를 되돌아보고 수용하는 것이 중요하다.

몇 년 전 겪었던 일이다. 개발 프로젝트를 주도적으로 추진하고 성공적으로 완수한 결과에 대하여, 개발 유공자에게 최대한의 포상을 할 것이라는 말을 듣게 되었다. 기대하는 마음이 있었지만, '위에서 당연히 알아서 해 주겠지.'라고 생각하며, 업무의 마무리에만 전념했다. 그러나 포상은 팀원들이 아니라 부서장에게 주어졌다. 적지 않은 실망감이 들었지만, 어쩔 수 없었다. 직급이 낮은 입장에서 성과에 대한 공명심을 드러내는 것은 지금까지 이룬 성과마저 무너뜨릴 수 있었기 때문이다. 나는 실망감을 억누르고 업무에만 집중했다. 그 결과 다른 영역에서 귀한 것을 얻게 되었다. 그 사업을 성공시킴으로 인해, 무슨 일이든 겁 없이 할 수 있겠다는 자신감과 나만의 업무 프로세스를 얻은 것이다. 이것은 그 어떤 것보다도 가치 있는 보상이었다. 나로서는 이 사업으로 배운 것이 많았고, 내 능력이 몇 단계 뛰어올랐다는 자부심을 느꼈다.

회사생활이든 개인적인 삶이든 내 마음대로 되는 일은 많지 않다. 자신에 대한 변화 없이 언제나 같은 생각과 방식으로 행동하고, 언제나 같은 감정을 느낀다면 어떻게 회사에서의 성과나 삶이 변할 수 있겠는가? 원하는 것을 이루려면 부정적인 사고를 멈춰야 한다. 건강해지고 싶으면 건강을 얻는 방식으로 행동해야 하듯이, 성공하고 싶다면 성공할 수 있는 방식으로 결심하고 행동해야 한다. 이 과정에서 내가 꿈꾸는 나의 모습을 늘 상상하고 그려야 한다. '한 번 해볼까?' 하는 정도의 각오로는 안 된다. 여기에서 더 나아가기 위해 이를 악물고, 원하는 꿈을 이루는 상상을 하면서 노력해라. 그러면 언젠가는 기대한 바를 분명히 이룰 수 있을 것이다.

최선을 다한 결과가 원하는 만큼의 보상으로 돌아오지 않아도 불편한 마음을 드러내지 마라. 이런 상황에서는 오히려 '회복 탄력성'을 키워라. 담당자가 큰 노력을 들여 기여해도 팀이나 부서 전체의 성과로 평가되는 경우가 많다. 이럴 때 힘들어하지 말고, 자신에게 부여된 일에서 좋은 성과를 거두도록 계속 노력해야 한다. 그러면 회사는 결국 당신이 유능하다는 것과 꼭 필요한 인재임을 알고 활용할 것이다. 그러므로 이 말을 항상 가슴에 새겨놓아라.

"성과에 대한 보상이 만족스럽게 주어지지 못해도, 과정에서 얻은 능력 개발과 자기 성장만으로도 충분한 보상이 된다."

· FACT 2 ·

목적目的

승진, 직장 생활을 통해
완벽한 성취감을 느낄 수 있는
단 하나의 이유

믿음과 확신이 있는 기다림, 목표가 분명한 기다림이라면
그 과정에 약간의 어려움은 있을지라도 두려워할 필요가 없다.
믿음과 확신을 바탕으로 한 기다림의 끝에는
확실한 성취가 존재하기 때문이다.

승진이 목적이면
어때

● 『주역강의』에서 서대원은 수유부광형정길이섭대천
需有孚光亨貞吉利涉大川, 즉 "때를 기다리기 위해서는 왜 기다리는지, 그리고
기다리면 무엇이 이루어지는지에 대해 확신과 자신감이 있어야 한다."고
했다. 이것은 기다림을 견디기 위한 첫 번째 요건이다. 믿음과 확신이 있
는 기다림, 목표가 분명한 기다림이라면 그 과정에 약간의 어려움은 있
을지라도 두려워할 필요가 없다. 믿음과 확신을 바탕으로 한 기다림의
끝에는 확실한 성취가 존재하기 때문이다.

회사생활에 대한 목표와 방향성을 가지는 것은 매우 중요하다. 목표를
가진다는 것은 그것을 향하여 일관성 있게 준비하고 노력하는 방향성을
제공하기 때문이다. 만약 회사생활에 대해 장기간이든 단기간이든 목표
가 없다면, 언제나 다람쥐 쳇바퀴 돌듯이 반복되는 일상 속에서 자신이

하는 일에 중심을 잃거나 무기력해지게 된다. 따라서 어떤 일을 할 때는 자신이 원하는 꿈이나 목표를 정해놓고, 그것을 향해 지속적이고 일관성 있게 추진해가는 것이 매우 중요하다.

물론 목표를 정하고 꾸준한 성과를 만들어낸다고 해서 모두가 원하는 것을 얻는 것은 아니다. 노력한다고 언제까지 승진할 수 있는 것은 아니며, 원하는 자리를 주겠다고 회사가 미리 보장해 주는 것도 아니다. 하지만 그러한 노력은 적어도 당신이 원하는 목표에 한 걸음 더 가까이 갈 수 있게 해준다. 하나씩 하나씩 원하는 것을 이루어가며 꿈과 목표에 다가갈 수 있게 해주는 것이다.

『내가 만난 1%의 사람들』에서 아담 J. 잭슨은 "돌을 깨려면 잘못 쪼개지지 않도록 조금씩 깨나가야 합니다. 그렇게 줄기차게 하다 보면 제대로 쪼개질 때가 오죠. 바위를 깨는 일은 단번에 되는 것이 아니라 지속해서 조금씩 깨야 해요. 당신이 성공의 바위를 깨고 싶다면, 깨질 때까지 쉬지 않고 망치질을 해야 합니다."라고 말했다. 성공하는 사람과 그렇지 못한 사람의 차이는 결국 재능보다는 끈기에 달려있다는 것이다.

회사에서 목표를 가지고 생활한다고 해서 누구나 원하는 것을 얻는 것은 아니다. 그렇다고 얻는 사람이 전혀 없는 것도 아니다. 분명 누군가는 얻고 누군가는 얻지 못한다. 중요한 것은 당신이 그 '얻는 자'가 되어야 한다는 것이다. 목표를 이루는 사람과 이루지 못하는 사람은 미리 정해져 있는 것이 아니다. 당신도 목표를 이루는 사람이 될 수 있다. 다만, 목표에 너무 집착하여 조급하게 서두르지는 마라. 그것은 차분하게 가야 하는 길이다.

　그렇다면 왜 직장인 대부분은 승진을 원하는 것일까? 그것은 자신의 목표와 꿈을 이룰 수 있는 여건을 만들어주기 때문이며, 또 목표를 향해 나아가는 열정을 끊임없이 자극해주기 때문이다. 하지만 승진은 개인의 노력만으로 되는 것이 아니다. 반드시 유의하고 명심해야 할 것이 있다.

　『한비자』에 보면, 왕의 총애를 받은 '미자하'라는 미소년이 있다. 어느 날 미자하는 어머니가 몹시 아프다는 소식을 듣고, 임금의 명이라고 속여 왕의 마차를 타고 어머니를 만나고 왔다. 왕의 마차를 몰래 탄 자는 발을 잘리는 형벌을 받아야 하기에, 신하들이 벌주기를 간하였다. 하지만 왕은 "어머니를 생각하는 마음이 지극하다. 발이 잘리는 형벌을 감수하다니." 하면서 오히려 칭찬을 해주었다. 또 한 번은 소년이 왕과 함께 과수원을 걷다가 복숭아를 하나 따 덥석 입에 무니 그 맛이 무척이나 달았다. 이에 먹던 복숭아를 왕에게 바치니 왕은 미소를 지으며 "이토록 나를 생각하는 걸 보니 무척이나 나를 경애하는구나." 하며 칭찬해 주었다. 세월이 흘러 소년 미자하는 청년이 되었고, 소년 시절의 아름다움은 사라지고 말았다. 어느 날 그가 잘못을 저질러 왕 앞에 불려 나갔다. 왕은 이글거리는 눈빛으로, "너는 그 옛날 짐의 수레를 마음대로 타고, 먹다 남은 복숭아를 짐에게 준 괘씸한 놈"이라고 말했다. 청년 미자하는 왕에게서 버려지고 말았다. 미자하의 행동은 변한 것이 없지만 그의 실체는 완전히 뒤바뀌어 있었다.

　누군가에게 사랑받을 때는 어떤 죄도 용서가 되지만, 미움받을 때는 사소한 잘못도 벌을 받게 된다. 기업이나 개인이 변화를 읽지 못하고 구태의연한 행동을 한다면 언제든지 버림받을 수 있다. 회사의 상황, 주변 환경의 변화, 자신을 바라보는 사람들의 감정 상태는 당신을 끊임없이 변하도록 만든다. '왜 내 능력을 알아주지 못할까?' 하고 생각해도 소용없다. 상사와 동료들은 정확하게 당신의 위치와 역할, 주변 환경의 변화에 따라 당신을 파악할 뿐이다. 이들의 판단 결과와 자신이 판단하는 모습이 일치하면 회사에서 오랫동안 근무하면서 자신이 원하는 승진과 꿈을 이룰 수 있겠지만, 그것들이 일치하지 않으면 원하는 것들을 이룰 수 없게 된다. 때로는 좌절도 하게 될 것이다.

이처럼 회사에 대한 당신의 생각과 태도가 변하지 않았다 해도, 주변에서 당신을 바라보는 인식이 변하면 불리한 결과를 가져올 수 있다. 하물며 승진이 안 되었다고 회사나 상사를 향해 불편한 말과 행동을 한다면 어떻게 되겠는가? 직장인 대부분은 승진을 어려워하며, 원하는 시기에 승진하지 못한 경험을 가지고 있다. 자기가 나쁜 상황일 때 절제하는 모습이 그 사람의 진면목일 수 있다. 1~2년 승진이 늦었다고 푸념할 필요가 없다. 인생은 세대교체라고 하지 않는가? 조금 늦어도 꾸준히 가는 사람에 비해 일찍 승진하는 사람은 그만큼 일찍 퇴사할 가능성이 크다. 이런 마음가짐을 가지면 어떨까? 'KTX 타고 갈 사람은 빨리 가라. 나는 무궁화호를 타고 가도 끝까지 간다.' 이런 마음을 갖고 더욱 분발하며 노력하는 사람은 정말로 끝까지 갈 가능성이 크다.

영화배우 클린트 이스트우드가 제작한 〈15시 17분 파리행 열차〉에 나오는 내용이다.

"자신이 누군지 발견하기 시작하면 자기 인생에 대한 권한을 자신이
어떻게 행사하는지 깨닫게 된다.

인생이란 투쟁을 통해서만 깨달을 수 있는데 대부분의 사람은 그 투쟁
을 피한다.

대부분의 사람은 고통을 피하며 인생을 산다.

인생의 어느 시점에서 꿈을 이루기 위해 노력한다면 과도기가 생긴다.

자신이 한 번도 쓰지 않은 그 무엇인가가 자신 내부에서 잠자고 있다.

더 높이 도약하는 방법을 배워라.

자신에게 도전장을 내밀고 더 깊게 파기 시작하라.

자신의 꿈을 남에게 승인받을 필요가 없다.

자신이 옳다고 생각하는 일을 하라.

지름길을 택하려고 하지 마라.

대가를 치러라.

이런 훌륭한 일을 하도록 우린 선택됐다."

자신이 목표로 하는 것에는 집중적으로 관심을 가지고 노력해야 한다.
특정한 목표에 집중해야 한다. 스포츠의 경우에도 야구든, 테니스든, 골
프든, 도구를 이용하여 공을 치는 종목은 공을 치기 전에 날아갈 방향으
로 고개를 먼저 들면 정확하게 공을 맞히기가 어렵다. 그리고 준비 동작
부터 끝나는 동작까지 모든 동작을 똑같은 힘으로 스윙한다면 공을 맞

혀도 멀리 보낼 수 없다. 여기서 가장 중요한 포인트는 공을 치는 순간이다. 나머지 전체적인 스윙은 이 순간을 위한 과정이다. 공을 원하는 곳으로 보내기 위해서는 날아가는 방향에 신경 쓸 것이 아니라, 치는 순간에 공을 보고 최대의 힘과 스윙스피드를 집중해야 한다. 준비 동작에서는 힘을 빼고 스윙을 하다가 공이 맞는 순간에 힘을 집중해야 한다.

이처럼, 어떤 분야든 자신이 가장 원하는 목표에 집중하고 거기에 승부를 걸어야 한다. 회사에서 승진을 목표로 삼는 것은 직장인으로서 당연하다. 승진이 목표라면 그것을 달성하기 위해 온갖 노력을 다해야 한다. 우선 회사에서 원하는 것이 무엇인지 정확히 알고, 이것을 위해 무엇을 준비해야 할지 또 어떻게 성과를 낼 것인지를 파악해야 한다. 그래야 올바른 방향성을 가지고 나아갈 수 있다. 무엇보다 승진하기 원하는 시기를 정하라. 그리고 회사에서 요구하는 자격 조건이 있다면 어떻게 준비하고 또 언제까지 취득할 것인지를 정하라. 대인관계에서 한 사람이라도 적을 만들지 않겠다는 노력도 필요하다. 가정에서도 지지받을 수 있도록 사전조율을 해야 한다. 또한 자기계발을 통해 전문성을 키우는 것 등, 승진이라는 목표에 집중하려면 준비해야 할 것들이 꽤 많다.

회사생활에서 승진은 대부분의 사람들에게 꿈이며, 자아실현을 통해 만족감을 이루어가는 중요한 요인이다. 꿈을 이루기 위해 승진을 목표로 삼는 것은 열정을 불러일으키는 동기가 된다. 그렇다고 조급함을 가져서는 안 된다. 회사는 대부분 한두 가지 즉흥적인 일로 승진시키지 않는다. 그러므로 회사가 원하는 것들의 핵심이 무엇인지 또 어떤 성과를 내면서 준비할 것인지를 철저히 준비하라. 모든 분야를 무작정 다 준비할 것이 아니라, 승진을 위해 필요한 것들을 다양한 분야에서 체계적으로 준비해야 한다. 그러면 이번이 아니라도 다음 기회엔 승진할 수 있다. 분명한 것은 승진에 가까이 와 있다는 사실이다. 그러한 자신감을 갖고 꾸준히 노력하라.

5년 뒤 나의 목표는
무엇인가?

● 꿈을 이루는 것은 목표와 실천계획을 세우는 것에 서부터 시작된다. 남들과 다른 성공을 한 사람들은 남들과 다른 목표와 남들과 다른 실천계획을 가지고 이를 꾸준히 실행한 사람들이다. 오늘과 다른 내일, 올해와 다른 내년을 위해서는 목표와 실천계획을 잘 세우고 강력한 의지로 실천해 나가야 한다.

목표가 있는 사람은 지도와 나침반을 가지고 목적지를 향해 똑바로 나아가는 선장과 같다. 반면, 목표가 없는 사람은 방향성을 잃고 떠다니기 때문에 항상 좌초할 위험을 안고 있다. 그러므로 목표를 굳건히 세우고, 그 목표를 향해 추진하는 것 자체가 성공의 지름길이다. 이때 중요한 것은 장기적이든 단기적이든 그 구체적인 추진계획을 세우는 것이다. 계획을 세우고 실행하는 능력, 그것이 바로 당신을 성공으로 이끄는 핵심요소이다. 나머지는 그것을 이루도록 도와주는 부가적인 요소일 뿐이다.

『잠들어 있는 성공시스템을 깨워라』에서 브라이언 트레이시는 '사람들이 목표를 세우지 않은 7가지 이유'를 다음과 같이 제시했다. 첫째, 삶에 진지하지 않고 행동보다 말이 앞서기 때문. 둘째, 자신의 삶을 책임질 준비가 되어있지 않기 때문. 셋째, 내면 깊은 곳에서 자리 잡은 죄의식 및 자신을 무가치하다고 여기기 때문. 넷째, 목표의 중요성을 모름. 다섯째, 목표를 세우는 방법을 모름. 여섯째, 거절이나 비판에 대한 두려움. 일곱째, 사실상 가장 커다란 이유로, 실패에 대한 두려움 때문이다. 또한 헬렌 켈러는 시각장애인으로 태어나는 것보다 더 불행한 것이 무엇이냐는 질문을 받았을 때, "시력은 있으나 장래성이 없는 것"이라고 말했다. 결국 자신을 가치 있게 여기고 꿈을 향해 나아가는 사람에게 가장 중요한 것은 목표를 세우고 추진하는 것이다.

매해 연말이 되면 우리 부서원들은 개인적으로 다음 해의 목표를 세우고 그것을 달성하기 위한 실천사항을 계획한다. 그리고 각자의 계획을 전 부서원 앞에서 발표하는 시간을 갖는다. 처음에는 뭐 이런 것을 시키느냐고 의아해하는 직원들도 있었다. 하지만 막상 남들 앞에서 한 해 동안의 목표와 실천계획을 발표하고 나니 마음가짐이 달라졌다고들 한다. 이렇게 하면 자신에게 부끄럽지 않으려고 마음가짐을 새롭게 할 수 있으며, 관심을 집중하고 더욱 주의를 기울이게 되기 때문이다. 이때 목표는 구체적이고 세분될수록 좋다. 그리고 연간 목표를 세웠으면 그것을 이루기 위해 주간, 월간 단위로 진행 상태를 점검해야 한다. 필요하면 보완해 나갈 수도 있다.

『선물』에서 스펜스 존슨은 말한다. "미래에 대한 계획은 중요한 것이다. 현재보다 더 나은 미래를 만드는 유일한 방법은 행운이 따르는 경우를 제외하곤, 미래에 대한 철저한 계획뿐이다. 설사 운이 좋다고 해도 그건 금방 끝나고 만다. 미래 계획이 철저하면 걱정과 불안을 줄일 수 있다. 성공적인 미래를 향해 적극적으로 움직일 수 있기 때문이다. 또 앞으로 무엇을 할 것인지, 왜 그것을 하는지도 알게 된다. 미래를 계획하고 나면 걱정과 불안이 줄어들어서 현재를 더 즐겁게 살 수 있다. 계획이 서 있으면 어림짐작으로 일하지 않아도 된다. 미래 계획은 지도와 같다. 지도가 있으면 더 나은 미래를 위해 현재 무엇을 해야 할지 알 수 있고, 목표에 훨씬 더 잘 집중할 수 있다. 즉, 미래의 계획을 세움으로써 현재에 더욱 몰입할 수 있다." 중요한 것은 아무리 작은 일이라도 매일같이 무언가를 해야 한다는 것이다. 그래야만 멋진 미래를 현실로 만들 수 있다.

목표를 명확히 세우고 그것을 꾸준히 실천해 나가는 것은 성공을 위한 기본적인 원칙이다. 당신은 5년 뒤에도 자신과 회사를 위해 일한 것이 보람된 시간이었다고 자부심을 가질 수 있겠는가? 그렇게 되려면 무엇을 어떻게 준비하고 실천해야 할까? 지금부터 그것을 위해 가장 중요하다고 생각되는 목표를 정해 보자. 5년이라는 시간은 매우 길다. 그것을 이루기 위한 중간목표를 정하자. 중간목표는 최종목표를 이루기 위한 여러 가지 목표들을 세부적으로 나누면 된다. 가령 행복의 5대 조건이 '돈, 건강, 인간관계, 일, 사랑'이라면, 그중 하나씩을 중간목표로 정하는 것이다. 그리고 이러한 중간목표 각각을 이루기 위해 구체적인 하부계획을 다시 세운다. 그 하부계획이 또 세부적으로 나누어질 수 있으면 더 좋다. 때로는 원대한 꿈을 목표로 정해도 된다. 그 목표를 100% 완성하지 못해도 좋다. 목표를 추진하는 과정 속에 원하는 수준에 근접해 가는 것도 중요하다. 한 번 세운 목표가 끝까지 가면 좋겠지만, 과정 속에서 달성되는 정도를 고려하여 수정할 것은 수정하면 된다. 어쨌든 목표는 남에게 보여주기 위한 것도, 남을 위한 것도 아니다. 오롯이 나 자신과 내가 관여하는 회사와 일의 발전을 위해 노력하는 것이다.

만약, 회사에서 5년 뒤의 목표가 중간관리자 이상의 직위로 승진하는 것이라면 어떻게 해야 할까? 이것을 이루기 위해서는 목표를 구체화하고 세분화해야 한다. 먼저 최종목표를 구체적으로 정하고, 어떤 준비를 해야 할 것인지 방향을 잡아야 한다. 회사는 이 직위를 수행할 사람이 어떤 능력을 갖춰야 하는지를 요구하는 기준이 있다. 열심히 노력하고 시간이 지나면 자연히 승진할 것이라고 막연히 생각하면 안 된다. 그보다는 요구하는 능력이 무엇인지를 파악하고 그것을 차근차근 준비해야 한다. 그러기 위해서는 중간목표를 세부적으로 나누어 세워야 한다. 예를 들면, 그 직위를 수행할 수 있는 품성과 태도, 업무수행의 전문성 등을 갖추고, 승진을 위해 요구되는 성과관리 등을 해야 한다. 그리고 업무영역 확대를 위한 인적 네트워크 형성, 대인관계 및 자기관리 등 개인의 상황에 따라 이를 세분화하고 하나씩 실천계획을 세워야 한다. 실천계획은 목표와 달성 기간을 중심으로 하여, 연간 단위로 점점 구체화한다. 연간 단위 계획도 가능한 구체적으로 작성하되, 월 또는 분기 단위 등으로 더욱 세분화하는 것이 좋다. 계획을 세분화하여 추진할수록 목표달성에 더욱 가까워진다. 목표와 추진 방향은 진행 과정을 통하여 더 좋은 방향으로 계속 보완하면서 진화시켜 나가면 된다.

목표수행 의지가 생각보다 약한 사람도 있다. 목표를 세워도 언제나 '작심삼일'인 사람들이 있다. 그렇다면 우선 3일간의 목표만이라도 세워라. 그럼 3일이라는 시간은 목표를 향해 이루어 갈 것이 아닌가? 전래동화에 나오는 '3년 고개'를 생각해보자. 한 번 넘어지면 3년밖에 못산다고 낙심하던 노인이 한 번 넘어질 때마다 3년을 더 산다는 것으로 인식을 바꾸니 삶이 달라졌다. 이렇게 3일 단위로 목표를 세우고 이뤄나가다 보면 그것이 습관이 된다. 그렇게 되면, 3일간의 목표를 일주일 단위로 늘려보라. 그것이 성공하면 또 그 이상의 기간으로 늘리는 것이다.

무엇이든 시작이 중요하다. 자신의 의지가 약하다면 하루아침에 변화시키려 하지 말고, 우선 실천 가능한 것을 이루어보라. 3일도 어렵다면 하루, 아니 한 시간씩이라도 자신의 목표를 향해 집중하는 시간을 가져라. 그리고 그것을 늘려가라. 목표를 이루는 과정은 스트레스받는 과정이 아니라 자신이 원하는 삶과 꿈을 찾아가는 여정이다. 성공하는 삶을 이루기 위해 스스로 선택한 것을 즐기는 과정이다.

원하는 것을 꿈꾸고 이루어 가는 삶은 결코 손해 보거나 실패하는 삶이 아니다. 목표는 현실의 어려움을 헤쳐나갈 수 있는 힘을 준다. 그리고 원하는 목표에 도달하는 것은 다음 목표를 새롭게 시작하는 기회가 된다. 또한 지금까지 목표를 이루기 위해 노력해 왔던 모든 시간들을 더욱 가치 있게 만들어 준다. 회사에 오랫동안 근속하면서 원하는 직위로 승진하는 꿈을 이루고 싶은 당신, 구체적인 목표와 실천계획을 세워라. 그 목표와 실천계획은 당신의 꿈을 이루는 길로 안내하는 가장 중요한 나침반이 될 것이다.

작은 성공부터
만들어 가라

초보자일 때는 누구나 실패를 경험한다.

하지만 그 실패는 숙련자로 가는 과정일 뿐이다.

작은 실패를 딛고 일어서라.

그러면 작은 성공이 다가온다.

작은 성공부터 시작하라.

성공에 익숙해지면 무슨 목표든지 할 수 있다는 자신감이 생긴다.

— 데일 카네기

원하는 큰 성공을 이루기 위해서는 작은 것부터 성공으로 만들어가는 경험과 습관을 가져야 한다. 로마는 하루아침에 이루어지지 않았고, 천리 길도 한 걸음부터라고 했다. 조급해하지 마라. 너무 빨리 오르면 빨리 내려오는 법이다. 큰 성공에는 과정과 기다림이 있다. 분명한 목표를 정한 뒤에 믿음과 확신을 가지고 기다려야 한다. 이 과정에서 작은 성공이 이루어질 수도 있고, 때로는 실패하여 안타까울 수도 있다. 삶은 작은 성공과 좌절의 경험들이 쌓이면서 원하는 큰 성공에 도달하는 것이다. 서대원의 『주역강의』에서는 이러한 기다림에 '세 가지 원칙'이 있다는 것을 강조한다. 그것은 첫째 '믿음', 둘째 '현실에 대한 적극적인 참여 자세', 셋째 '마침내 도래한 타이밍을 정확히 판단하여 일을 추진하는 능력'이다.

수적천석水滴穿石이란 말이 있다. "작은 물방울도 끊임없이 한 곳에 떨어지면 결국엔 돌에 구멍을 뚫는다."는 말이다. 비록 작은 노력이지만 끊임없이 지속해 나가면 원하는 꿈을 이룰 수 있다. 노력도 노력이지만 인내도 중요하다는 말이다. 아무리 사소한 것이라도 참을성 있게 지속해서 해나가야 큰 일이 이루어진다.

아무리 작은 성공도 가만히 있으면 이루어지지 않는다. 하루 동안 이루고자 한 목표를 성공적으로 이루어내고, 이런 하루하루들이 쌓이고 쌓일 때 작은 성공도 이루어지는 것이다. 성공은 하늘에서 갑자기 떨어지는 것이 아니다. 큰 성공을 이루기 위해서는 나아가야 할 분야와 방향이 있고, 분야별로 중간 중간에 도달해야 할 작은 목표들이 있다. 이러한 분야별로 중간마다 하나씩 이루어 나가는 것이 큰 성공을 향해 조금씩 나아가는 길이다. 이것을 알지 못하면서 큰 성공을 꿈꾸는 것은 언제 무너질지 모르는 모래성을 쌓는 것과 같다. 또한 큰 성공을 이루기 위해서는 그것을 담을 수 있는 자신의 그릇을 키워야 한다. 복권에 당첨된 사람들이 몇 년 뒤 힘들게 산다는 이야기는 들었어도, 그들이 부자로 지낸다는 이야기는 별로 들은 적이 없다. 이것은 준비되어 있지 않은 상태에서 과도한 돈이나 직위는 차후에 오히려 재앙이 될 수 있다는 것을 보여준다. 하루하루 목표한 작은 성공이 쌓여야 원하는 큰 성공을 얻는 것이다.

　과장 승진이 목표라 하자. 무엇을 어떻게 준비해야 할까? 과장이 되려면 그 직급에 해당하는 능력과 자질 그리고 품성을 갖추어야 한다. 이것이 부족해도 과장이 될 수는 있으나, 그 이후는 장담하기 어렵다. 그러면 과장이 되기 위해서는 분야별로 어떤 것들을 준비해야 할까? 우선 과장으로서 요구되는 업무능력과 전문성을 갖추어야 한다. 팀원들을 관리하고 운영하는 조직 관리와 대인관계 능력, 성과를 만들어 내는 능력, 상·하급자와의 관계와 인적 네트워크, 고객관리 능력, 자기계발 등, 분야를 나누면 상황과 여건에 따라 너무나 다양하다. 그런데 이러한 각 분야는 평소에도 관심을 가져야 하는 분야이다. 따라서 승진을 목표로 할 때는 이러한 작은 목표들을 하나씩 성공적으로 만들어 내는 것에 평소보다 더욱 집중해야 한다.

　사소한 성공을 만들어 내는 능력이 쌓이면 중요한 업무를 맡아도 큰 성공으로 이끌어 내는 능력과 자신감이 생긴다. 작은 성공을 만들어 내는 습관을 통해 어떻게 일을 처리하는지 자신만의 프로세스를 계속 만들어 가기 때문이다. 이렇게 작은 성공을 이루어 왔던 능력이 쌓여 큰 성공을 이루는 것이다. 나아가, 큰 성공도 마치 작은 성공처럼 특별한 어려움이나 부담감 없이 완수해 낸다면, 당신은 회사에서 꼭 필요한 독보적 능력을 갖춘 인재가 된다.

하나를 보면 열을 안다고 했다. 작은 일이라고 등한시하는 사람에게는 큰 일을 맡기지 않는다. 사소한 작은 일조차 최선을 다하고 정성을 쏟지 않는다면 큰 일도 제대로 해낼 수 없기 때문이다. 공자의 『시경』에 "백 리를 가는 자는 구십 리를 반으로 여겨야 한다行百里者半九十."는 말이 있다. 목표를 이루기도 전에 거의 다 되었다고 생각하면 초심을 잃고 자만하게 된다. 결국 구십 리까지는 열심히 잘 왔지만, 그다음부터는 마음이 해이해져서 끝까지 도달하지 못하게 된다. 도달한다 해도 많은 시간이 걸리게 된다.

작은 성공에 도취하지 마라. 어제의 성공은 잊어야 한다. 구십 리를 온 사람은 지금까지 자신이 걸어왔던 길을 완전하게 잊고, 자신이 가야 할 남은 십 리를 마치 오늘 처음 시작하는 것처럼 생각하며 나아가야 한다. 다만, 지금까지 어려운 일을 스스로 해냈다는 뿌듯한 성취감이 자존감으로 이어지고, 이것이 또 다른 일을 적극적으로 해내겠다는 용기로 이어진다면 당신은 분명 성공할 수 있다.

직장에는 용의 꼬리 같은 사람도 있고, 군계일학群鷄一鶴 같은 사람도 있다. 우수한 그룹에서 성취감을 느끼지 못하는 사람과, 평범한 그룹이지만 늘 앞장서고 성취감을 느끼며 사는 사람이다. 둘 중 어떤 사람이 우수하다고 할 수는 없겠지만, 어떤 사람이 성공하는 습관을 지녔는지는 충분히 알 수 있다. 어느 대학 무슨 과를 나왔는지 지나온 과거만 지나치게 평가해서는 인재를 얻기 어렵다. 그 사람이 채운 스펙도 중요하지만, 품성과 태도, 열정은 스펙만으로 찾지 못한다.

작은 일을 마다하는 사람은 큰일도 해낼 수 없다. 중국에서 보도된 기사 중 이런 게 있다. 베이징의 명문대학을 졸업한 석사 이상의 인재들이 첫 직장에 취업하면 어느 기업이든 그들을 말단직원으로 두 달간 일하게 한다. 회사의 가장 기본적인 프로세스를 익히게 하려는 것이다. 이들이 받는 월급은 약 5천 위안으로, 중국 근로자의 월평균 임금을 밑돈다. 그런데 이들 중 과반수는 중도에 사표를 쓰고 나온다. 자신의 스펙이라면 적어도 중간관리자급 대우를 받아야 한다며, 약 7천 위안은 받아야 한다고 여긴다. 이들은 새로운 직장을 전전하느라 반년 이상을 허비하고 난 후에야 비로소 현실을 직시하게 된다. 하지만 안타깝게도 첫 직장보다 훨씬 나쁜 조건의 회사에서 가까스로 생계를 이어갈 뿐이다.

자신을 능력 있다고 생각하는 신입사원들은 중요한 프로젝트에 투입되어 하루빨리 명성을 얻고 싶겠지만, 그 전에 먼저 생존 경쟁력을 스스로 시험하고 체력을 단련시키는 준비자세가 되어 있어야 한다. 이 시기는 생존력을 단련시키는 것으로, 작은 일에 완벽을 기하는 태도가 더욱 요구된다. 겉보기에 사소한 업무를 세심하게 완수하는 것은 미래를 위한 일종의 학습 과정인 것이다.

가장 경계해야 할 것은 원하는 것을 한 번에 얻으려고 하는 마음이다. 먼저 자신의 능력을 갖추고, 그러한 성취를 수용할 수 있는 상태를 만들어내야 한다. 급하게 이루려고 하지 마라. 빨리 올라가면 빨리 내려오는 법이다. 작은 성공부터 기초를 튼튼히 해나가라. 그래야 큰 성공을 만들 수 있고, 또 오래도록 지속할 수 있다. 성공에 너무 조급해하지 마라. 조그마한 성공을 만들어가는 습관을 지녀라. 그런 노력이 시간과 연륜 속

에 쌓여 큰 성공을 이룬다. 큰 성공을 이루려면 먼저 능력을 갖추고, 그
것을 담을 수 있는 자신의 그릇을 키워라.

● 회사에 꼭 필요한 중요한 존재로 인정받으면서 일한다는 것은 직장인들에게 커다란 보람이다. 그렇게 인정을 받는다면 능력을 제대로 발휘하여 성과를 내고 싶다는 생각을 하게 될 것이고, 자기계발을 통하여 회사발전에 더욱 기여하겠다는 의지도 품을 것이다. 회사에서 이루고 싶은 목표를 위해 잠재능력을 키우고, 그 능력을 최대한 발휘해 성과를 높이려고 노력할 것이다.

인재는 자신보다는 회사의 입장에서 문제를 생각하고 그 속에서 최상의 해결책을 찾으려 한다. 현재의 위치와 처한 상황에 맞는 책임을 적극적으로 수용하고, 회사에 도움이 되는 방향으로 자발적으로 행동한다. 빌 게이츠는 "좋은 직원은 누가 시켜서가 아니라 스스로 일을 찾아서 하는 사람이다. 그들은 자신의 실력을 키우기 위해서 적극적으로 행동하는 사람이다. 그런 직원이라면 강제적인 수단을 동원하지 않고도 적극성을 끌어낼 수 있다."라고 했다. 자신이 하는 일에 자존심을 거는 사람은 상사의 지시나 요구에 끌려다니며 일하지 않는다. 창의적으로 만들어서 하는 일이든 상사가 시키는 일이든, 어떤 여건에서도 일을 단편적으로 처리하지 않는다. 항상 회사의 처지에서 생각하고, 상사의 지시나 요구사항이 없어도 자신이 해야 할 일을 자발적이고 능동적으로 완수한다. 그것도 매우 성과 있게 완수한다. 이들은 회사에 자신의 자존심을 걸고 일한다. 다른 사람의 일도 회사를 위해 도움이 될 수 있다면 진정으로 도와준다. 자신의 노력으로 회사발전에 기여하는 성과를 자랑스럽게 생각한다. 회사는 성과에 대한 보상을 통해서라도 이런 직원들의 자존심을 지켜줘야 한다.

심리학자 매슬로는 사람에게 동기를 부여하려면 단계별로 상승하는 인간의 욕구를 제대로 이해해야 한다고 했다. 인간 욕구 5단계 중에서 가장 높은 것은 '자아실현 욕구'인데, 이것은 자신의 능력을 제대로 발휘하고 계속 발전하여, 자신이 이루고자 하는 것을 성취하고자 하는 욕구이다. 다시 말하면, 자기계발을 통하여 지속해서 성장하고, 자신의 가치와 잠재력을 극대화해 자아를 완성하는 욕구라 할 수 있다.

2000년대 초, IT분야 외주사업으로 프로젝트 개발 사업을 추진할 때였다. 개발에 대한 주요직원 토의를 진행하다 보면 초기에는 가시적으로 드러나는 것이 없으니 요구사항이 추상적이거나 별로 없지만, 점차 개발 내용이 가시화되면서 요구사항들도 구체적으로 되고 또 많아진다. 프로젝트를 추진하는 입장에서는 요구사항을 운용 측면의 필요성, 사업 기간, 구현범위 및 개발 가능성 등을 고려하여 정리하는 것이 중요하다. 이때 책임자는 이 요구사항이 어느 정도 기간이 소요되는지, 시스템 개발을 요구하는 목표에 적합한 기능인지, 컴퓨터로 구현할 수 있는지 등을 판단해야 한다. 그리고 전체 토의를 하는 경우에는 가급적 그 자리에서 방향성을 제시하고, 안 되는 것은 안 된다고 말해야 한다. 그렇지 않으면 사업을 계속 추진하기 어렵다. 이 경우, 적절치 못한 요구사항에 대해 그 부적합성을 설명해주면 조직에선 곱지 않은 시선으로 바라보기도 한다.

그런데 터무니없는 요구사항으로 사업추진에 중대한 문제가 발생한 경우가 있었다. 당시 나는 강한 열정도 있었지만, 아닌 것에 대해서는 아니라고 하는 분명한 오기, 독기도 있었다. 사업이 한창 절정으로 오르는 시점에, 구현 기능을 어느 정도 마무리하는 전체 토의를 진행하고 있을 때였다. 갑자기 개발회사 담당자가 전혀 예상치 못한 요구사항을 제시하였다. 발주부서 책임자와 사전조율도 없이, 시스템 구현에 아무런 문제가 없는 중요한 운용기능을 없애자고 건의한 것이다. 그리고 그 자리에서 건의가 승인되어, 해당 기능은 없애는 것으로 정리되었다.

나는 너무나 허탈했다. 급히 토의를 마무리하고 나서, 나는 앞으로 이 사업에서 빠지겠다고 선언해버렸다. 지금까지 사전에 조율해가면서 같이 잘 끌고 왔는데, 그런 중요한 결정을 상사에게 일방적으로 통보받는다면 같이 할 수 없다고 하였다. 다행히 한동안 실랑이한 끝에 시스템을 원안대로 완성할 수 있었다.

내가 이렇게 반발했던 이유는 '내가 만든 제품이 나를 대변해 주기' 때문이다. 자신도 최고의 상품이라고 만족하지 못하는 것을 어떻게 다른 사람에게 판매하거나 받아들이라고 할 수 있겠는가? 그렇게 하면 순간은 모면할지 몰라도, 결코 오래갈 순 없을 것이다. 그 일은 오랫동안 사용될 시스템을 개발하는 것이었다. 나는 자존심을 걸고, 아니 나 자신을 걸고 추진했고, 성공적으로 개발했다.

『퍼펙트 워크』에서 왕중추는 "일이란 자신의 가치를 높이고 재능을 선보이는 무대이다. 일은 누구를 위해서 하는 것이 아니라 바로 자신을 위해서 하는 것이다."라고 말했다.

오랫동안 자신의 자리에서 최선을 다한 늙은 목수가 있었다. 자기 일에 자부심이 강하고 열심히 일하여 사장으로부터 신뢰를 얻고 있었다. 하지만 시간이 흐르자 점점 자기 일에 흥미를 잃고 독립을 꿈꾸기 시작했다. 사장이 함께 일하자고 해도 떠난 마음을 되돌리기에는 역부족이었다. 하는 수 없어 사장은 목수에게 마지막으로 집 한 채를 지어달라고 했다. 늙은 목수는 알겠다고 했지만, 정신은 이미 떠나 있었다. 그러다 보니 설계부터 자재선별 등 작업이 평소와 다르게 대충대충 진행되었다. 목수는 하루라도 빨리 떠날 생각에 여태껏 고수해 왔던 자신의 업무원칙을 무시하고 서둘러 대충 지었다. 사장은 아무 말 않고 지켜만 보았다. 집이 완성되자, 사장이 목수에게 열쇠를 하나 주며 말했다. "이 집은 그동안 열심히 일해 준 대가로 제가 드리는 선물입니다." 목수는 크게 당황했다. 한평생 남들을 위해 튼튼한 건물을 수없이 지었는데, 마지막 순간 자신에게 엉터리 집을 지어준 것이다. '중요한 순간의 마지막 일은 다른 사람이 아니라 바로 자기 자신을 위해 하는 것'이라는 사실을 잊었기 때문이다. 이것은 어떻게 일로써 자신의 자존심을 걸어야 하는지를 새삼 깨닫게 해주는 이야기다.

『디테일의 힘』의 왕중추는 그의 비서에게 다음과 같은 말을 전했다.

"아무리 사소한 일이라도 자네 일을 자네가 알아서 처리하지 않으면 결국 내 차지가 되네. 자네가 완벽하게 처리하지 못했을 경우에도 내가 다시 처리해야 하지. 그것은 회사의 입장에서 볼 때 큰 낭비네. (중략) 결국 자네가 작은 일이라도 세심하게 처리해 주어야 내 업무효율이 향상될 수 있다는 얘기일세. 요컨대 자네가 꼼꼼하게 일을 처리할수록 내 업무도 순조롭게 처리될 수 있다네."

"뜻이 있는 곳에 길이 있다"고 했다. 그러므로 최고를 향해 더 나은 길을 계속 개척해 나가라. 최근의 IT 기술은 인간이 상상하는 모든 것을 가시적으로 보여준다. 당신이 상상하는 모든 것이 현실이 된다. 현재의 성과에 만족하지 말고 보다 나은 성과, 탁월한 성과를 내기 위해 더욱 준비하고 발전해 나가라. 회사에 성과를 내고, 항상 회사 발전과 함께하겠다는 열정을 품어라. 자신의 경쟁력을 강화하여, 성공인자를 계속 만들어 내라.

회사에서의 자존심은 유능함을 인정받아 원하는 승진이나 업무를 얻는 것이다. 그것은 자신이 수행한 일의 성과로서 나타난다. 따라서 아무리 사소한 것이라도 최선을 다해 최고의 성과를 내야 한다. 조그마한 실수 하나로, 마음이 떠났다는 인식 하나로 지금까지 수십 년을 쌓아온 가치관과 명예를 한꺼번에 잃어버리고, 자신을 스스로 무능한 존재로 만들 수가 있다. 한순간이라도 회사에서 자존심을 잃지 마라. 자존심을 지키는 것은 성과로 드러내고 결과로 말하는 것이다. 일 처리를 신중하고 엄격하게 해라. 최상의 성과를 내는 습관을 길러라. 그렇게 하는 것이 회사에서 자존심을 지키는 최고의 길이다.

승진, 쫓는 것이 아니라
따라오게 하는 것

● 목표를 향해 최선을 다하는 것은 아름답다. 하지만 목표달성 만을 생각하며 수단과 방법을 가리지 않고 다른 사람을 불편하게 하거나 해를 끼치는 것은, 그 목표를 이루어도 추하다. 목표를 이루는 것도 중요하지만, 그 과정이 더 중요하다. 능력이나 자질이 부족한 사람이 목표를 이루겠다며 욕심만 낸다면 어떻게 되겠는가? 오히려 조금 늦어도 자신의 능력과 성과를 만들어내며, 주변으로부터 잘 되었다고 칭송을 받아야 보람되지 않겠는가?

직장에는 승진에 지나치게 집착하는 사람들이 간혹 있다. 그들이 승진을 특정 시기까지의 목표로 정하고 집중적으로 노력한다면 그것은 좋은 일이다. 목표를 이루기 위해 원하는 기간과 준비 사항을 정해놓고 하나씩 체계적으로 달성해 나간다는 것은 매우 가치 있는 일이며 또 올바른 근무 자세다. 나아가 자기계발을 통해 부족한 부분을 보완해 나간다면 금상첨화일 것이다.

하지만 집착하는 것은 다른 문제다. 단기간에 목표를 이루려고 조급해하거나 상급자의 영향력에 지나치게 집착하는 사람들이 있는데, 그들은 원하는 결과를 얻지 못하는 경우가 대부분이다. 주변 동료들은 관심도 없이 안하무인으로 지내다가, 결국 승진도 안 되고 사람도 잃어버리는 안타까운 경우가 많다. 회사에서 승진 대상자를 선발하기 위해 선정해 놓은 기준은 최소한의 자격 조건이다. 그래서 상급자의 영향력으로 승진하겠다고 그들을 의존하는 것인데, 그렇게 한다고 승진하는 것이 아니다. 그런 사람들 중에는 사람도 잃고 승진도 안 되는 이들이 많다.

『죽음의 수용소에서』를 쓴 빅터 프랭클은 이런 말을 했다. "성공을 목표로 삼지 마라. 성공에 초점을 맞추면 그것에서 더욱 멀어질 뿐이다. 성공이나 행복은 자연스럽게 오는 것이지 의도적으로 찾을 수 있는 것이 아니다. 그것에 무관심함으로써 성공이 저절로 찾아오도록 해야 한다. 그러기 위해서는 내면의 소리에 귀 기울이고, 원하는 대로 확실하게 행동해야 한다. 성공에 대한 생각을 까맣게 잊고 지내다 보면 언젠가는 성공이 저절로 찾아오게 될 것이다."

회사생활을 하면서 나는 여러 번 승진했다. 처음에는 승진하겠다고 쫓아도 가보았다. 당연히 승진될 거라고 주변에서 격려해준 적도 있었다. 하지만 어떤 경우에도 원하는 시기에 빨리 승진된 적은 없었다. 그래서 마음을 바꿨다. 승진만을 목표로 삼지는 말자고 말이다.

나는 매일의 시간을 대부분 개인보다는 회사에 헌신하였다. 업무도 상급자가 시키기 전에 알아서 수행했고, 예산을 획득하여 스스로 추진하면서 남다른 성과도 많이 냈다. 내가 추진한 일 중에는 2단계 상급자가 자신의 상급자에게까지 보고하는 일이 많았다. 이렇게 하면서 내심 승진을 기대하기도 했지만, 그렇다고 승진만을 목표로 일하진 않았다. 그 전에 몇 차례 누락된 경험이 있었기 때문에, 승진만이 목표가 되면 얼마나 힘든지를 잘 알고 있었다.

회사생활은 언제 어떤 직위로 그만두느냐가 중요한 것이 아니다. 그보다는 어떤 일이든 잘하다가 마무리하는 것이 훨씬 중요하다. 그래서 나는 내가 할 수 있는 일에 충실하다가 열정을 잃기 전에 끝내야겠다고 마음먹었다. 다만, 그 일을 하는 본질적인 목적에 충실했다. 그렇기 때문에 주변에서 비판적인 의견이 나오고 의욕이 꺾이는 상황이 발생해도 그것을 극복하고 당당하게 일을 추진할 수 있었다. 이렇게 몇 년을 생활하다 보니 마지막 기회에 승진이 되었다. 결코 나 스스로 승진을 쫓지 않았으며, 다만 주어진 일에 최선을 다하고 성과를 높게 하니 자연스럽게 따라왔을 뿐이다.

〈뉴욕 타임스〉에 이런 기사가 게재된 적이 있었다. 미 육군사관학교 생도 1만 명에게 "당신의 꿈은 무엇인가?"라는 질문을 한 후, 14년간 그들을 추적 조사한 연구 결과이다. 이 질문에 '탁월한 리더십과 소통력을 연마하고 지휘부대의 존중심을 얻어 훌륭한 장교가 되겠다'는 '내적목표'를 밝힌 생도들은 임관 후에 최소한 5년은 근무하고 진급도 다른 사람들에 비해 빨랐다. 또한 군 생활에 대한 자부심과 만족도를 드러내는 비율도 매우 높았다. 그러나 승진이나 특정 직위 획득처럼 '외적 목표'만을 중시한 생도들은 5년의 의무복무 기간도 못 채우는 경우가 많았다. 이들은 승진도 느렸고, 자기 일에 대한 만족도와 자부심도 훨씬 낮았다. 이 연구 결과는 모든 부분에 적용된다. 승진이나 금전적인 보상은 자연스럽게 따라오는 것이지, 궁극적인 목표의 대상이 아니라는 것이다.

그렇다면 회사에서 승진하기 위해서는 어떻게 해야 할까? 무엇보다 회사가 요구하는 능력과 자격 조건 그리고 그 직책에 요구되는 선발기준을 알아야 한다. 팀원으로 있을 때 요구되는 능력과 팀장이 되었을 때 요구되는 능력은 분명히 다르다. 팀장이 되기 원한다면 무엇보다도 팀장으로서 업무를 수행할 수 있는 능력과 자격 조건을 갖추고, 그런 능력이 있음을 보여줘야 한다. 다음 직위로 승진을 하면 승진된 직위에서 업무를 잘 수행할 능력이 있다는 믿음을 회사에 줘야 한다.

『회사가 붙잡는 사람들의 1% 비밀』에서 신현만은 이렇게 말한다. "만약 당신이 팀장 승진이 얼마 남지 않았다고 생각되면 지금부터 관심의 대상을 리더십과 조직으로 옮기고 집중적으로 공부해야 한다. 미리미리 조직원을 이끄는 방법을 연구하고 다양한 기법을 터득해야 한다. 팀장에게는 개인이 아니라 전체 팀의 정체성과 성과가 무조건 먼저라는 사고방식을 확고히 해야 한다. 즉, 팀장으로 승진은 능력과 자질을 미리 갖춘 사람에게 따라온다."

2003년에 방송하여 국내는 물론 세계적으로 인기를 얻은 드라마 〈대장금〉이 있다. 주인공 서장금은 의녀로서의 직분에 충실하여, 남들이 어렵다고 하는 환자도 끊임없이 연구하고 병의 원인을 찾아 치료하면서 성공을 만들어나갔다. 하지만 그녀가 얻은 '대장금' 지위는 승진을 위해 쫓아다니면서 얻은 게 아니었다. 아무리 뛰어난 의술로 왕실의 어려운 환자를 살려내도, 주변에는 여인이기 때문에, 의녀이기 때문에 안 된다는 고관대작들의 반대만 있었다. 그녀는 다만 의술을 펼치는 데 매진했을 뿐이다. 승진은 그 결과로 따라왔다. 열심히 최선을 다해 좋은 성과를 내다보니 임금이 승진시키라고 하명한 것이다.

모든 조직에는 인재 선발기준이 있고, 그 기준을 기초로 승진을 시킨다. 그러나 회사에서 선정한 기준은 최소한의 자격일 뿐이다. 이 기준만 쫓아가서는 발탁되지 못한다. 그 정도의 자격 조건은 대부분의 승진 대상자들이 갖추고 있다. 그러므로 기준을 뛰어넘어라. 그것도 훨씬 뛰어넘어야 한다. 최선을 다해 능력을 발휘하여 회사에 큰 성과를 가져다주어라. 승진기준을 훨씬 뛰어넘어, 회사가 당신을 승진시키고 싶어 하게 만들라. 그렇다고 물불 가리지 않고 승진만 쫓아가지는 마라. 승진에는 능력도 필요하지만, 품성과 태도도 필요하다. 꿈은 아름다워야 하며 축하받으면서 이루어져야 한다. 승진하여 축하받아야 할 날에 다른 사람의 비난과 원망의 대상이 되지는 말자. 승진은 축복이고 그동안 수고한 자신에게 자랑스러운 모습이 되어야 한다.

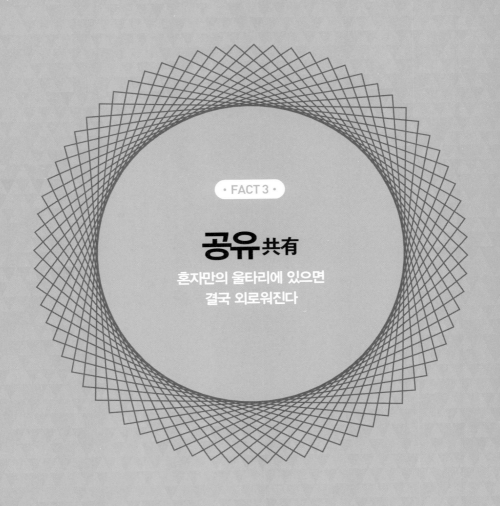

• FACT 3 •

공유 共有

혼자만의 울타리에 있으면
결국 외로워진다

순간의 승리를 원한다면 독불장군처럼 혼자서 가라.
하지만 회사에서 오랫동안 생활하며 꿈과 목표를 향해 달려가고 싶다면,
과정과 목표를 서로 공감하고 공유하며 함께 가야 한다.
그렇지 않으면 당신의 직장수명은 짧아질 것이다.

과정과 목표를
실시간 공유하라

● 독불장군은 없다고 했다. 프로젝트에 참여하든 일상적 업무를 수행하든, 회사에서 단독적인 업무는 거의 없다. 대부분은 팀과 함께 이루어진다. 팀원으로 참여한다면 팀의 추진 방향과 목표를 향해 함께 가야 한다. 만약 팀장이나 직속 상사를 배제하고 독단적으로 일을 추진한다면 어떻게 될까? 단기간은 모르겠지만, 그는 결코 오래 함께할 동료가 되지 못한다.

다음은 신현만의 저서 『회사가 붙잡는 사람들의 1%의 비밀』에서 발췌한 내용이다.

"일 잘하고 '싸가지 없는' 부하직원과 능력은 보통이되 '인간성 좋은' 부하직원 중에서 누구의 장래가 더욱 밝을까? 상사들은 겉으로는 일 잘하는 부하를 칭찬할지 몰라도 속으로는 인간성 좋은 직원을 후원한다. 그 심리를 냉정하게 파헤쳐보면, 단기적으로는 전자의 능력을 이용해 조직의 성과에 도움을 받겠지만, 장기적으로는 '팀을 말아먹을 녀석'이거나 '나를 위협할 녀석'이라 생각한다. 상사에게 제일 정이 안 가는 부하직원은 단연코 개인플레이를 하는 사람이다. 아무리 일을 잘해도 팀워크를 해치고 개인플레이를 일삼는 부하직원이라면 잠시 그 능력을 쓸 뿐, 결코 곁에 오래 두고 싶어 하지 않는다."

혼자서 할 수 없는 것은 상사 또한 마찬가지다.

모든 업무를 혼자서 처리하는 스타일의 A 상사는 회사의 초창기 직원이 얼마 되지 않은 시점부터 오랫동안 독자적으로 일을 추진해 왔다. 대부분의 일을 독자적으로 처리해 왔기 때문에 회사 대표도 그의 업무 스타일에 별다른 문제점을 인식하지 못했고, 항상 잘하고 있다고만 생각했다. 하지만 다양한 프로젝트를 추진해가면서 동료들과 팀원들의 원성을 받게 되었다. 직원들과 소통하지 않고 자기 스타일대로만 처리했기 때문이다. 팀원들도 모두 그들의 위치에서 최선을 다했지만, 프로젝트의 큰 방향이든 세부적인 사항이든 모든 것은 A 상사의 결정대로 진행되었다. 팀원들의 의견은 무시되었다. 결국 팀의 업무는 정상적으로 추진되지 못했고, 팀원들의 마음은 떠나고 말았다.

팀이란 한마음으로 움직여야 하는 집단이다. 팀에는 믿음이 있어야 한다. A 상사의 경우, 프로젝트가 정상적으로 추진될 때는 문제가 없는 것처럼 보였다. 과정과 결과를 공유하지 않기 때문에, 문제가 발생하기 전까지는 일이 잘못되어 가고 있다는 사실조차 모른다. 하지만 문제는 항상 어려운 상황에서 발생하는 법이다. 소통이 없는 팀은 결코 문제를 해결할 수 없다.

과정을 알려주고 공유하는 것은 어느 조직, 어느 프로젝트에서든 매우 중요하다. 이스라엘의 모 부대에서 '과정과 목표를 공유하는 것의 중요성'에 대한 실험을 했다고 한다. 두 그룹으로 나누어 100km 행군을 했는데, A 중대에는 행군 날짜만 공지해주고 각자 알아서 준비하라고 지시했다. A 중대는 행군에 대한 특별한 설명도 듣지 못한 채, 당일 개인별 준비상태만 확인하고 출발했다. 그들은 하염없이 목적지가 나타나기만을 기대하며 걷고 또 걸었다. 목적지에 도착하니 절반 이상이 완주하지 못하고 낙오했다. 반면, B 중대에는 행군 날짜뿐 아니라 모든 정보를 공유해주고, 부대원들이 함께 준비하게 했다. 전체 행군 코스와 목적지는 어디인지, 행군로 상에 어디에서 휴식을 취하고 식사를 할 것인지, 어느 지역이 힘든 곳인지, 그리고 도착 예정 시간은 몇 시인지 등 전반적인 사항을 사전에 설명해주었다. 결국 B 중대는 한 명도 낙오하지 않고 전원이 완주했다.

이처럼 두 부대가 동일하게 100km 행군을 해도, 과정과 목표를 공유하느냐의 여부에 따라 결과가 달라진다. 과정을 알면 마음으로부터 대처할 수 있는 능력을 갖출 수 있고, 힘든 여정도 지치지 않고 완주할 수 있기 때문이다.

의욕 넘치는 상사들이 저지르기 쉬운 실수는 자기만 업무처리 능력이 있고, 부하직원들은 능력이 부족하다고 생각하는 것이다. 그래서 모든 것을 자기 손으로 처리하고 확인하고 결정지으려 한다. 하지만 프로젝트를 추진하기 위해서는 과도하게 세분된 업무 영역을 모두 다루고 문제없이 처리해야 한다. 어떻게 상사가 혼자 그 모든 것들을 효과적으로 처리할 수 있겠는가? 프로젝트의 세부 영역들을 모든 팀원이 각자의 분야에서 최선을 다하고 능력을 발휘해야 전체적인 성과가 나오는 것이다.

상사의 역할은 부하직원들이 신바람 나게 일할 수 있도록 여건을 만들어주고, 진행 과정을 함께 공유하고, 결과를 나누는 것이다. 프로젝트의 진행 과정을 공유하면서 모두가 팀원의 한사람으로 일하고 있음을 자각하게 하고, 개인보다는 팀을 우선하도록 만들어나가면 된다. 이렇게 하면 모든 팀원이 서로의 업무를 이해하고, 함께 보조를 맞추며, 어려움이 있을 때 서로 도울 수 있다. 이럴 때 상사는 격려와 칭찬을 해주면 되고, 혹시라도 좋지 못한 결과가 나오면 책임을 지면 된다. 상사를 그 자리에 임명한 것은 업무를 잘 추진하라는 의미도 있지만, 잘못되면 책임지라는 의미도 있다.

몇 년 전에 급하게 팀을 꾸려 프로젝트를 진행한 일이 있었다. 팀원들도 지역별로 급하게 선발했기에 업무에 대한 이해가 부족한 상태였고, 프로젝트 기간도 6개월 남짓했다. 우리는 개인적으로 업무를 파악하되, 전체적인 진행 상황과 일정 속에서 개인의 업무가 차지하는 역할과 다른 팀원들과의 연관성을 이해하는 것을 우선으로 했다. 서로 간에 하는 일이 무엇인지, 일은 어떻게 추진되고 있는지, 그리고 제한사항은 무엇인지를 이해하기 위해 우리는 매일같이 전체적인 업무추진 상황을 브리핑하고, 또 그 속에서 개인별로 진행되는 사항을 토의했다. 개인별로 어떻게 추진해야 하는지 잘 모르는 팀원들과는 개인적으로 만나, 현재까지 추진되고 있는 사항과 그 속에서 자신이 해야 할 업무에 대해 그 이해 정도와 수행 방향을 다시 토의했다.

처음에는 시간도 오래 걸리고 일의 진척도 매우 느렸다. 그렇지만 프로젝트에 대한 이해가 부족한 상태에서 급하게 추진한다고 따라올 수 있는 상황도 아니었고, 무엇보다 최종적으로 잘 성사시키는 것이 중요했다. 그래서 우리는 초기에는 다소 늦더라도 전체적인 목표와 과정을 공유하면서 준비하기로 했고, 결국 2~3개월 정도 지나자 모두가 정해진 상황과 일정 속에서 자신이 해야 할 역할을 명확히 알게 되어, 성공적으로 추진할 수 있었다. 통상적으로 프로젝트를 진행하면 자신의 분야만 집중하는 경향이 많지만, 이 경우는 정해진 일정 속에 개인의 분야가 연계되어 서로 조화롭게 진행되어야 했기에, 더욱 과정과 목표를 공유하는 데 치중했다. 결과적으로 프로젝트는 자부심을 느끼며 성공적으로 완수할 수 있었다.

만약 당신이 팀의 일원이 되기보다 혼자 일해서 성과를 내는 걸 즐기는 사람이라면, 그 생각과 감정을 바꾸는 게 좋을 것이다. 그렇지 않으면 당신은 회사에서 환영받지 못하며, '단기 업무용'으로만 전락하고 말 것이다. 중요한 업무를 추진하는 팀장이나 부서장이 되기는 어렵다. 임원이나 고위직으로 승진하는 것은 더더욱 어렵고 말이다.

프로젝트를 추진하는 팀은 구성원들의 관심과 에너지를 해당 프로젝트에 집중시켜야 한다. 또한 적극적인 참여와 자발적인 협력을 이끌어내기 위해 과정을 공유하고 목적과 목표에 공감대를 형성해야 한다. 이들은 각자에게 주어진 책임과 역할을 열정적으로 완수하며, 공동의 목표를 향하여 공유하고 협력할 때 최상의 성과를 낼 수 있다. 물론 프로젝트에 참여하는 팀원 각자의 입장과 목표는 다를 수 있다. 따라서 개인의 여건은 존중하면서도 공동의 목표를 향해 팀워크를 창출하고, 함께 나아갈 수 있도록 해야만 성과가 극대화된다. 이러한 팀을 운영하는 팀장은 탁월한 전문성을 갖추는 것도 중요하지만, 팀원의 입장을 먼저 생각하고 그들을 한마음으로 이끌어내는 공감 능력을 갖추는 것이 무엇보다 중요하다. 팀원 개개인의 처지를 이해하고, 프로젝트 진행 과정을 공유하며, 모두가 공동의 목표를 향해 나아가 성과를 달성하는 팀이야말로 최고의 팀이라 할 수 있다.

순간의 승리를 원한다면 독불장군처럼 혼자서 가라. 하지만 회사에서 오랫동안 생활하며 꿈과 목표를 향해 달려가고 싶다면, 과정과 목표를 서로 공감하고 공유하며 함께 가야 한다. 그렇지 않으면 당신의 직장수명은 짧아질 것이다. 회사든 여타 조직에서든 독선적인 개인은 오래가지 못한다. 특별한 업무능력을 가졌다 해도 공유되지 못하면 그것은 무용지물일 뿐이다. 오랫동안 회사를 위해 일하고, 자신의 꿈과 목표도 함께 이루고 싶다면 다른 동료들과 함께 가라. 그들에게 오래도록 함께 갈 수 있는 날개를 달아주고, 힘들 땐 기댈 수 있는 언덕이 되어주라.

보고서는
나의 능력이고 얼굴이다

● 회사에서 요구하는 능력은 여러 가지다. 그 사람의 품성과 태도, 대인관계, 업무를 대하는 열정과 능력, 개인적인 특성 등 다양한 능력이 요구되지만, 그중에서도 가장 기본이 되며 모든 분야에서 중요하게 평가되는 것은 보고서 작성 능력이다.

회사생활에서 많은 사람들이 힘들어하는 것이 바로 보고서 작성이다. 이것은 누가 가르쳐 주지도 않고, 배우기도 어렵다. 오로지 자기만의 스타일대로 작성해 가야 한다. 보고서 작성 요령에 대해서는 많은 서적들이 나와 있다. 여기서는 구체적인 작성 방법을 소개하고자 하는 것이 아니다. 필자의 경험을 토대로, 보고서를 작성할 때 관심을 두거나 착안해야 할 사항들을 제시하여, 업무수행에 활용할 수 있도록 돕고자 하는 것이다.

보고서를 작성할 때 유의해야 할 사항은 우선 '내용이 적절한 분량으로 작성되었는가'이다. 보고서의 분량은 적을수록 좋으며, 가능한 한 장으로 하되, 2장을 넘기지 않는 것이 좋다. 그리고 내용이 중복된 것은 없는지 확인하고, 자신이 전하고자 하는 메시지가 명확한지 확인한다. 또한 문장은 이해가 되는지, 논리적으로 흐름이 맞는지 점검하고, 이 보고서를 시행하는 사람들은 실현 가능성이 있는지 확인해야 한다. 그리고 보고서 작성도 연습해야 한다. 우선 자기 나름대로 업무와 관련된 제목을 정해서 스스로 작성해 본다.

보고서 작성을 잘하려면 어떻게 해야 할까?

우선, 보고서를 작성하기 전에 고려해야 할 사항이다. 먼저 보고서의 목적과 최종적으로 얻고자 하는 것이 무엇인지를 명확히 한다. 또한 어디까지 영향을 끼치는지, 끼친다면 그 요인은 무엇인지도 확인한다. 작성하는 보고서와 관련된 법규와 회사의 규정을 찾아, 할 수 있는 범위와 제한사항을 확인해야 한다. 또한 관련 부서, 관련되는 외부기관이나 협력회사가 어디까지인지도 확인하라. 예상되는 어려움이나 문제점이 무엇인지 파악하며, 관련된 자료를 수집하고, 필요하면 시장조사도 하라. 그 분야의 전문가나 담당자, 혹은 신뢰성 있는 기관의 자료를 통하여 현재 상황과 앞으로의 방향에 대한 의견도 들어보라. 그러면 업무에 대한 이해가 훨씬 빠를 것이다. 또 도움받을 수 있는 내부나 외부의 전문가가 누구인지도 확인해야 한다. 여기서 한 가지 유의할 점이 있다. 이전에 업무를 담당했던 유사한 자료가 있어도 참고만 할 뿐, 그대로 글자 몇 자바꿔서 보고서를 만들려고 하지 마라. 어제 서산으로 넘어간 태양이 오늘 다시 떠오른다고 같은 태양이 아니다. 이미 24시간 지난 새로운 태양인 것이다. 전임자의 업무도 마찬가지다. 당시의 상황과 여건에 맞춰 작성한 것이지, 지금과 같다고 할 수 없다. 그리고 여건이 되면 이런 과정에 대해 상사와 구두로 대화를 나눠보라. 그러면 상사의 생각을 직접 들을 수 있기 때문에, 보고서 작성을 준비하는 데 매우 큰 도움을 얻게 될 것이다. 이런 사항들을 기초로 보고서 작성을 준비해야 한다.

다음은 보고서 작성 간에 고려해야 할 사항이다.

우선 논리적인 흐름을 어떻게 전개할 것인지 결정하라. 보고서의 순서와 흐름을 정하고, 전체적인 분량을 대략 검토한다. 보고서의 서식과 글자체, 편집용지를 선택한다. 개조식으로 작성할 때, 문서 전체는 1~2장으로 하는 것이 좋다. 내용이 많으면 붙임 문서로 첨부하면 된다. 문장은 가급적 단문을 사용하고, 가능한 문장 속에 주어가 들어가도록 해야 한다. 짧은 문장에도 주어가 있어야 이해하기 용이하다. 보고서든 책이든 주어를 포함해서 문장을 작성해야 읽는 사람이 쉽게 이해한다. 또한 전체적인 내용도 간명하게 하는 것이 좋다. 작성 간에 특히 고려해야 할 부분은 개요이다. 개요는 문서 전체가 말하는 것을 보여주어야 하며, 이것만 읽어봐도 이 문서가 무엇을 하고자 하는지 그 전반적인 흐름을 이해할 수 있어야 한다. 문장은 아무리 길어도 두 줄을 넘지 마라. 줄이 길어지면 의미가 모호해져, 보는 사람에 따라 해석이 달라질 수 있다. 무엇보다 보고서를 만드는 사람의 입장이 아닌, 보고를 받거나 시행하는 사람의 입장에서 작성되어야 한다.

만약, 보고서 작성에 자신이 없으면 어떤 내용을 논리적으로 전개할지 순서와 목차를 정하고, 각각의 목차에 무엇을 포함할지 소꼭지를 작성한다. 문서를 작성하기 전이나 작성하면서 문서와 연관되는 관련 자료를 수집하여 배경지식을 쌓는다. 이것을 기초로 문서를 전체적으로 작성해 나간다. 여기에는 내·외부적으로 관련되거나 영향이 있는 모든 것을 망라해야 한다. 문서의 내용이나 분량이 얼마나 되든 자신이 생각하는 관련 내용을 모두 작성한다. 이렇게 작성한 내용을 가지고 문서의 핵심 사항 위주로 줄여나간다. 작성 내용이 적은 것을 많게 늘리는 것보다는 많이 작성한 것을 적게 줄이는 것이 오히려 편하다. 내용을 줄일 때는 가능한 한 일목요연하게 정리하여 요약하라. 최초에 모든 것을 망라하여 작성한 내용은 보고 시 질문받을 것을 대비하는 데이터로 활용해도 된다.

이때 유의해야 할 것은 간명하면서도 핵심 위주로 그리고 목적과 방향을 명확하게 작성하는 것이다. 석사학위 논문을 작성할 때 지도교수님이 주로 지적하는 세 가지가 있다. 첫째, 이 문장의 주어가 무엇인가? 둘째, 문서의 핵심이 나타나지 않는다. 예를 들면, "내가 거기에 갔다고 생각하는바……" 하는 식으로 중간과정을 복잡하게 작성하여, 갔는지 안 갔는지 모르게 만드는 것이다. 그냥 "나는 거기에 갔다."처럼 짧고 간결하게 작성하면 된다. 셋째는 글의 흐름이나 중심이 무엇인지를 모르겠다는 것이다. 말하자면, 왜 춘향전으로 시작해서 홍길동전으로 끝나는가?

보고서 작성에 경험이 적으면 다른 사람들이 작성한 보고서들을 수집하여, 유형별로 정리해 보관해 놓아라. 그러면 차후 보고서를 작성하면서, 논리적인 흐름이나 자기만의 보고서 틀을 구성할 때 도움이 된다.

보고서는 가장 강력한 의사소통 수단이다. 조직의 행동과 방향을 일관성 있게 추진시켜준다. 그러므로 보는 사람들이 동일하고 정확하게 읽고 이해하도록 해야 한다. 작성한 보고서를 시행하는 부서에서 볼 때, 보는 사람마다 해석이 다양하다면 무척 혼란스러울 것이다. 따라서 쉬운 용어로 작성하되, 누가 보아도 혼란스럽지 않고 다르게 해석하지 않도록 정확한 표현을 사용해야 한다.

더불어 보고서를 잘 작성하려면, 순간적으로 떠오르는 아이디어를 즉시 메모하는 습관을 들여라. 메모하는 습관을 기르는 것은 매우 중요하다. 아이디어가 떠오르는 순간 메모해야 잊어버리지 않는다. 결코 자신의 머리를 믿지 마라. 메모하는 습관만으로 많은 것들을 해결할 수 있다.

또한, 하나의 보고서에는 하나의 주제만 담아야 한다. 한 문장에 여러 내용이 있으면 무엇을 말하는지 의미를 파악할 수 없듯이, 한 보고서에 여러 주제를 담으면 무엇을 하겠다는 것인지 알 수 없다. 보고서 작성이 어렵다면 시중에 나와 있는 '보고서 작성 요령'에 관한 책이라도 사서 봐야 한다. 무엇보다 평소에 책을 많이 읽는 것이 좋다.

이처럼 '보고서는 자신의 강력한 능력'이다. 보고서 한 장에도 자신의 자존심을 걸고 준비한다는 각오를 해야 한다. 적당히 만들어 가면 상사가 지침을 줄 테니 그때 가서 보완하겠다는 생각을 하는 것은 결코 바람직하지 않다. 어떤 내용으로 얼마나 설득력 있고 전달력 있게 작성하여 시행되는지가 매우 중요하다. 보고서 작성이 그 사람의 모든 업무능력을 나타내는 것은 아니지만, 그 사람의 업무능력을 확인하는 중요한 요소임은 분명하다. 간결하고, 누구나 이해하기 쉽고, 명확하게 작성되어 실행에 혼란을 주지 않는 보고서가 잘 작성된 보고서이다. 보고서는 능력을 표현하는 강력한 도구이다. 나의 얼굴이고, 나의 자존심임을 명심하고, 글쓰기 책을 통해서나 다른 사람들이 작성한 좋은 형태의 보고서를 수집하여 작성 능력을 길러야 한다.

보고에도 요령이 있다

● 의사소통 수단 중에 가장 정확하고 많이 활용되는 것은 문자이다. 일반적으로 말로 전달하는 것은 듣는 사람의 여건이나 상황에 따라 잘못 알아듣거나, 중간 전달자에 의해 왜곡될 수도 있다. 물론 영상매체나 녹음을 통하여 전달하는 방법도 있겠지만 회사의 일상적인 업무는 대체로 문서로 표현된다. 문서는 표현만 정확히 한다면 누구나 의도와 방향을 정확하게 이해하고 실행을 할 수 있다. 회사에서 개인의 능력을 평가하는 요소는 수행하는 일의 유형에 따라 다양하겠지만, 보고서 작성과 보고 및 실행능력은 매우 중요하게 평가하는 요소이다.

보고는 일의 준비와 추진과정, 그리고 결과에 대한 상·하급자의 소통으로, 매우 중요하다. 직장생활에서 보고의 중요성은 아무리 강조해도 지나치지 않다. 보고는 상하 간의 소통일 뿐만 아니라 아이디어의 융합이며, 제한사항을 사전에 발굴하여 성공적으로 추진하는 데 매우 중요한 요소이다. 회사에서 비중이 크게 차지하는 분야일수록 보고를 통한 소통에 문제가 없어야 한다. 비중이 크다는 것은 주요 직위자부터 관심을 갖는 사람이 많다는 것이다. 만약 담당자와 상사가 소통이 부족한 상태에서 회사의 중요한 누군가가 상사에게 질문했을 때, 상사가 제대로 답변하지 못했다고 생각해 보라. 그러면 그동안 쌓아온 신뢰가 무너지게 될 수도 있다. 그러므로 담당자는 중간관리자와 여러 가지 방법으로, 수시로 소통하는 것이 중요하다.

작성한 문서를 보고할 때는, 우선 보고서의 내용을 명확히 이해해야 한다. 이해가 제한되면 문서 작성 중에 수집한 참고자료를 가지고 가면 되지만, 되도록 이해하고 직접 답변할 수 있는 게 좋다. 보고할 때에는, 가능한 결론부터 간단명료하게 보고하라. 결론부터 말하지 않고 서두가 길면 보고받는 입장에서 지루해지고, 무엇을 말하려고 하는지 답답해진다. 또한 자료는 가능한 근거 있게 제시하는 것이 좋다. 특히 업무추진 간에 문제가 생기면 즉시 보고해야 한다. 자신에게는 어려운 일도 상급자에게 보고하면 쉽게 해결할 수 있는 일들이 대부분이다. 감출수록 걷잡을 수 없는 상황으로 일이 전개될 수 있으니, 문제가 있다고 생각하면 주저하지 말고 즉시 보고하라.

보고 요령은 진행 상황에 대한 소통이 되도록 간단하게 요구하는 경우가 많다. 보고 방법에 대해서도 메일이나 문자메시지 등 다양한 방법으로 편하게 언제든지 보고하라고 한다. 맞는 말이다. 어떤 방법으로든 적시에 보고하는 것이 중요하다. 그러면 보고는 언제, 어떻게 해야 효과를 높일 수 있을까? 우선 아침에 출근하면 바로 현재까지 추진 중인 업무에 대하여 간단히 메모한 것을 가지고 구두로 보고한다. 그리고 주요 회의나 대외적인 활동에 참석하면 회의 결과와 주요 쟁점 사항에 대해 전화나 메시지로 핵심적인 것들만 보고하라. 자세한 사항은 복귀해서 보고하면 된다. 상황에 따라서는 직속 상사보다 더 높은 상급자에게 먼저 보고하는 경우가 있다. 이런 경우에는 사후에 반드시 직속 상사에게 보고해야 한다. 그렇게 의사소통을 하고 지침을 받는 일을 주기적으로 하라. 그렇게 하면 긴박한 사항을 제외하고는 상사와 대부분 같은 생각을 할 수 있다. 물론 언제든지 보고를 해야 하지만, 스스로 정해놓고 하는 것도 효과적이다.

다만 문서에 너무 얽매이지는 마라. 구두로 보고한 것을 조금씩 정리해 나가다가 방향이 확실하게 결정되면 그때 문서로 기안해도 된다. 하지만 어떤 경우에는 기본적인 방향이라도 문서가 있어야 대화가 되는 업무가 있다. 이 경우에도 키워드만 작성하여 대화하면서 방향을 잡아가는 것이 좋다. 이렇게 하면 전체적인 문서를 완성하는 노력을 줄이고, 자기 일에 더욱 집중할 수 있다.

보고에서 반드시 명심해야 할 것이 있다. 일이 계획대로 되지 않거나, 문제가 될 수 있다고 인식이 되면 즉시 보고해야 한다. 소통은 어려움이 있을 때 더욱 잘 돼야 한다. 담당자 입장에서는 미미하고 사소한 것일 수도 있지만, 일을 보는 관점에 따라서는 커다란 문제가 될 수도 있기 때문이다. 직위가 높을수록 해결하는 능력과 방법도 다양하다. 그런데 상사의 문책이 두렵다거나 자신의 무능이 드러난다는 이유로 감추기만 한다면, 심각한 위기를 초래할 수가 있다. 문제가 있을수록 보고는 더욱 빨리 해야 한다.

만약 보고하는 중 자신의 주장이 옳은데 상급자가 다른 이야기를 한다면, 가능한 거기에 반박하지 마라. 정 불편하면 그 자리를 잠시 벗어났다가 다시 들어가서 보고하면 된다. 자신이 옳다고 생각해도 상급자는 몇 단계 위에서 다른 부서나 기관을 보고, 심지어 글로벌한 입장으로 문제를 보기 때문에 생각의 범위나 안목이 훨씬 다를 수 있다. 보고하는 중에 상급자를 이기려고 하면, 결국 자신이 노력하여 만든 보고서가 도움이 되기는커녕 해가 되어 돌아올 것이다. 아무리 부족하다고 느껴지는 상사라도 그의 능력을 결코 무시하지 마라. 당신이 모르는 어떤 능력을 갖췄기 때문에 지금 상사로 와있는 것이다. 나의 경우도 상급자에게 보고하는 과정에서 나름대로 잘 만든 보고서라 생각했는데, 콤마(,) 하나로 한 줄이 없어지면서 오히려 이해하기 쉽게 고쳐지는 경우를 보았다. 상급자는 이런 면에서 특출한 능력을 갖췄다고 생각하라. 심지어 상급자가 고치라고 하면 열 번이고 스무 번이고 고쳐라. 자신의 업무능력이 부족하다고 생각하고, 기분 나쁘게 여기지 마라.

계획을 추진할 때는 항상 현장을 확인해라. 책상에 앉아 예측하거나, 자신이 직접 확인하지 않은 것을 미리 확신하거나 판단하지 마라. 필요하면 고객이나 상대의 입장에서 행동해 봐야 한다. 그래야 문제점이 보인다. 많은 사람들이 "현장에 답이 있다"고 한다. 그것은 현장을 모르면 실행이 어렵기 때문이다. 실행되더라도 많은 사람이 어려움을 겪고, 완성되어도 성과가 미약하다.

　과거 부서장을 할 때였다. 두 명의 부하직원이 유사한 업무를 각각 보고하는데, A는 보고서를 자기 생각 위주로 작성하여 가져왔다. 언제까지 무엇을 준비하면 문제없이 추진할 수 있다고 하면서, 문서가 쉽게 승인되기를 바라고 있었다. 하지만 무엇을 어떻게 준비하는지 구체적으로 물어보면, 그 부분은 다시 알아보겠다고 대답한다. 또 현장에서 진행되는 모습이나 움직이는 경로가 어떻게 되는지 확인하면, 그것도 확인해보겠다고 대답한다. 늘 그런 식이었다. 질문하면 그때 가서 확인해보겠다는 말을 한다. 이런 경우 수고했다고 칭찬할 수도 없고, 그렇다고 나름대로 열심히 하는데 질책할 수도 없어, 상사로서 참 답답했다. 하지만 B의 보고는 유사한 업무인데도 간단하면서도 구체적이었다. 준비부터 현장 진행 모습까지 그릴 수 있었다. 또한 누가 어떻게 준비하고 실행하는지, 전문가들의 의견은 어떠한지, 제한사항에 대해서는 어떤 문제가 발생할 수 있으며, 거기에 대한 대비는 어떻게 하는 게 좋겠다든지, 그러한 모든 의견과 내용이 명확하다. 보고서에 불필요한 군더더기가 없고, 일목요연하면서도 의문점이 생기지 않아, 실행해도 문제가 없을 것처럼 완벽하다. 그러므로 보고는 회사에서 상급자에게만 하는 것이 아니라 상·하급자와 동료 간에 성공적으로 업무를 추진하는 강력한 의사소통 수단이다. 답답한 사람은 상급자가 물으면 그때야 허겁지겁 보고를 위해 준비한다. 하지만 현명한 사람은 상급자가 묻기 전에 수시로 관련 내용에 대해 다양한 형태로 대화한다. 보고는 소통이다. 문제가 발생할 가능성이 조금이라도 있다면, 숨기지 말고 더욱 적극적으로 소통해야 한다. 그래야 해결이 쉽고 성과도 더욱 높아지는 것이다.

나보다 상사를 빛나게 하라

● 조직에서 능력을 인정받고 자신이 원하는 꿈을 이루면서 오랫동안 생활하고자 한다면 자신을 너무 드러내지 말라. 유능함은 스스로 드러내는 것보다 다른 사람이 인정해주는 게 더욱 의미 있다. 자신이 수행한 업무로 자신보다 상사를 빛나게 해준다면, 상사는 그 사람을 더욱 아낄 것이다. 유능함은 이렇게 만들어 가는 것이 훨씬 좋다.

자신보다 상사를 빛나게 해주려면 어떻게 해야 할까? '리더가 되는 대가는 외로움'이라는 말도 있듯이, 직위가 높을수록 상사들은 더 외롭다. 상사는 꿈도 있지만, 동시에 외롭다. 탁월하게 업무를 수행하면서도 이런 상사의 꿈도 살피고 마음도 알아준다면, 상사에게 인정받는 것은 물론이요, 회사에서 오랫동안 꿈을 이루며 생활할 수 있는 기반을 튼튼히 다지는 것이다. 그러면 어떻게 해야 상사를 빛나게 해줄 수 있을까? 몇 가지만 알아보자.

　첫째, 상사의 꿈을 살펴라.
　내가 회사에서 새로운 업무를 추진할 때 한결같이 생각한 것이 있었다. 그것은 바로 '내가 하는 일은 2차 상급자가 자신의 2차 상급자에게 보고하고 싶은 일이어야 한다'는 것이다. 그렇지 않다면 내 일은 가치 없는 일, 심지어 죽은 일이라고 생각했다. 물론 일상적인 모든 업무가 그만한 비중이 있는 건 아니지만, 적어도 새롭게 추진하는 일에 대해서만큼은 단순하게 만들어 내고 싶지 않았다. 시대의 변화나 회사가 가고자 하는 방향을 파악하고자 노력했으며, 미래의 변화에 대응하거나 요구되는 능력을 갖추기 위해 전문가 그룹을 포함해 다양한 의견을 수렴하였다. 이것을 핵심 업무로 삼아, 내가 속한 조직에 적용하기 위한 추진 방향을 새롭게 구상하였다. 예산확보가 쉽지는 않았지만, 어쨌든 일을 만들면 관련 부서나 관련 기관을 찾아가 어떻게든 예산을 확보하여 추진하였다.
　이렇게 핵심 업무라고 추진하는 일이 나의 2차 상급자가 전결하는 정도의 일이라면 결코 많은 비중을 두지 않았을 것이다. 나는 2차 상급자뿐만 아니라 그 상급자까지도 관심을 가질 만한 일들을 만들어 추진했다. 2차 상급자가 상부에 보고하고 싶은 일은 조직에 영향력이 있는 일이며, 결코 가볍지 않은 일이기 때문이다. 상사도 꿈이 있다. 부하직원이 추진한 업무로 상사를 드러나게 한다면, 상사가 꿈꾸는 것이 임원이든 그보다 더 큰 것이든 그 꿈에 조금이라도 도움이 되는 일을 한다면, 상사는 그런 부하를 아껴줄 것이 분명하다. 당신이 상급자라도 그러한 일을 추진하는 부하직원은 당연히 좋게 봐줄 것이다.

둘째, 상사의 마음을 살펴라.

부장도 혼자 외롭고, 과장도 마음이 아플 수 있다. 아니 어쩌면 직원들보다 더 심할 것이다. 직급이 높아질수록 말할 상대가 줄어들고 혼자 고민해야 하는 일이 많아진다. 일반 직원이라면 아무렇지 않게 행동하는 일도 직위가 높아지면 주변의 시선 때문에 마음대로 하지 못한다. 점심시간에 팀장이나 부서장이 통화 중이라고 팀원들끼리 식사를 하러 가면, 그들은 혼자서 식당에 가야 한다. 모 벤처기업 사장은 점심시간이면 일부러 차를 몰고 멀리 가서 식사하고 온다. 그곳의 음식 맛이 좋아서가 아니다. 혼자 식사하는 모습을 부하직원들에게 보이고 싶지 않아서이다.

이럴 때는 팀원들끼리 나름의 규칙을 정해서 팀장과 함께 식사하는 것이 좋다. 점심시간에 밥 먹는 것도 팀장 눈치를 봐야 하냐고 굳이 묻는다면, 그 사람은 개인 취향대로 하면 된다. 하지만 단체생활에서 그렇게 하는 것이 좋다면 일단 맞추는 것이 본인에게도 편할 것이다. 점심 한 끼도 같이 못 할 팀장과 팀원의 관계라면, 제대로 업무를 추진할 수 있으리라 생각되지 않는다. 기대감이 사라진다.

상사도 마음이 아프고 힘들 때가 있다. 상사들 특히 중간관리자들은 위아래로 눈치를 살핀다. 직급이 높아질수록 윗사람에 대한 눈치는 더욱 커진다. 직급이 높을수록 더 큰 꿈을 꾸거나, 회사로부터 받는 영향이 더 커지기 때문이다. 그러니 상사의 처지에서 생각해보라. 그들은 회사나 가정, 경제적인 면에서 더욱더 어려울 수 있다. '내가 저 입장이라면 어떻게 할까?' 이렇게 생각해보는 것은 상대를 이해하는 데 많은 도움이 된다.

그들은 부하직원들에게도 말하지 못할 서운함이 있다. 때로는 부하직원들이 무관심하거나 자신에 대한 배려가 없음이 섭섭할 수도 있다. 결국 속마음을 터놓고 대화하지 못하는 것이 문제다. 실제로 속마음을 터놓고 대화할 수 있는 사람은 많지 않다. 그런 상사의 마음을 이해하고, 다가가서 대화하며 가려운 곳을 긁어준다면, 상사 입장에서는 그 직원이 고마울 수밖에 없을 것이다.

우리는 가장 가까이해야 하고 모든 것을 이해해야 할 가족을 오히려 남보다 못한 사람처럼 대하거나, 가족의 입장보다는 타인의 입장을 옹호하는 경우가 간혹 있다. 이때 가족이 받는 상처는 무척 크다. 자신을 가장 이해해 줄 사람으로부터 받는 것이라 충격이 매우 크다. 상사도 마찬가지다. 내가 힘들고 아프고 외로울 때 가장 나를 이해해 줄 부하직원이 전혀 알아주지 못할 때는 많이 섭섭할 것이다. 그렇다고 드러내놓고 말할 수도 없다. 고객이나 동료를 대하는 것과 같이 상사도 지속해서 관심을 가지고 지켜줘야 한다. 상사는 부하직원이 자신의 가려운 곳을 긁어주는 말을 하거나 심지어 알아만 줘도 위로받고 감동한다.

셋째, 상사는 함께 가야 할 대상이지 결코 자신이 바꾸거나 극복해야 할 대상이 아니다.

상사는 결코 부하의 의도대로 그렇게 되지 않는다. 부하직원들은 때때로 상사가 잘 모르는 경우, 자신의 유능함을 드러내고자 상사에게 가르쳐주고 싶어 하는 경향이 있다. 그러나 상사보다 더 많이 안다고 자신을 드러내는 것은 결코 자신에게 유리하지 못하다. 상사가 잘 모르는 경우라도, 내가 알고 있는 것을 통하여 상사가 드러나도록 해야 한다. 이때 주의할 점이 있다. 상사를 절대로 나의 의도대로 바꾸려 하지 말아야 한다. 상사를 바꾸려는 사람은 그 사람이 먼저 다칠 것이다. 그보다는 이런 상사를 만난 것도 내 복이려니 하며, 상사를 있는 그대로 인정해주는 것이 좋다. 장점은 살려주되, 부족한 점이 있다면 보완해 주면 된다.

안세영의 『이기고 시작하라』에 보면 이런 일화가 나온다. 모 회사 사장이 간부들과 수행 비서를 데리고 파리로 출장을 갔다. 평소 프랑스 와인을 즐기며 프랑스 문화와 역사에 정통하다고 자부하던 사장은, 파리 시내를 다니면서 문화유적에 대하여 직원들에게 질문을 퍼부었다. 눈치 있는 간부들은 한결같이 "모르겠는데요."라고 대답했고, 사장은 자신의 유식함을 한껏 즐겼다. 그런데 애송이 수행비서가 프랑스에서 공부했다고 사사건건 끼어들어 정답을 이야기하는 것이었다. 간부들이 계속 눈치를 주었지만, 사장에게 잘 보이겠다는 욕심에 수행비서는 계속 떠들었다. 결국 다음 행선지인 런던으로 떠나면서 사장이 한마디 던졌다. "박 상무, 저 수행비서 서울로 귀국시켜버려." 이런 경우를 식자우환食字憂患이라 했던가?

넷째, 절대 오만하지 마라.

어려움이 있는 상황에서 그것을 해결할 사람이 당신 하나뿐인 경우가 있을 것이다. 그러나 이런 상황에서 남들이 보기에 결코 오만하거나 건방지게 행동해서는 안 된다. 회사에서 당신만이 할 수 있고, 당신이 없으면 안 되는 상황이 얼마나 있겠는가? 이럴 때 오만하거나 건방지게 행동하면 비참하게 끝마치는 것은 얼마 남지 않았다. 회사에 꼭 필요한 사람으로 오래 남으려면 능력을 갖추는 것도 중요하지만, 자신을 낮추고 상사를 돋보이게 하는 것이 무엇보다 중요하다. 물론 동료에게도 지나치게 오만하거나 건방진 모습은 결코 좋지 않다.

빨리 승진하고 잘나가는 사람을 보면, 꼭 좋은 대학을 나왔거나 좋은 자력을 갖춘 사람만이 아니다. 어느 정도 위치까지는 그 사람의 스펙이 영향을 미칠 수 있다. 그러나 원하는 자리까지 승진하면서 오랫동안 일하는 사람은, 오히려 처음에는 다소 능력을 발휘하지 못하는 경우가 많다. 이들은 자신보다는 상사를 드러나게 함으로써 함께 생존한 사람들이다. 일반적으로, 그 상사가 잘되면 자신도 같이 잘 된다.

어느 부서에서든 상사를 드러내도록 업무를 하려면 결국 끊임없이 자기계발을 해야 한다. 그중 하나가 책을 통해 배우는 것이다. 대부분의 사람들은 일단 직장에 들어가면 책을 손에서 놓는다. 하지만 꿈을 이루려는 사람은 이때부터 책을 읽는다. 왜냐하면 그런 것을 가르쳐주는 것이 주로 책 속에 있기 때문이다.

상사는 유능한 사람뿐 아니라, 자신을 빛나게 하며 명예를 높여주는 부하를 선호한다. 무조건 상사를 빛나게 하기는 어렵다. 하지만 직장생활을 좀 더 효율적으로 하기 위해서는 가급적 상사의 의도를 파악하고, 상사가 선호하는 방향으로 업무를 수행해야 한다. 상사가 승인하지 않은 일은 추진하지 마라. 특별한 문제가 없다면, 상사가 원하는 의도대로 하는 것이 자신에게 조금 더 유리할 것이다.

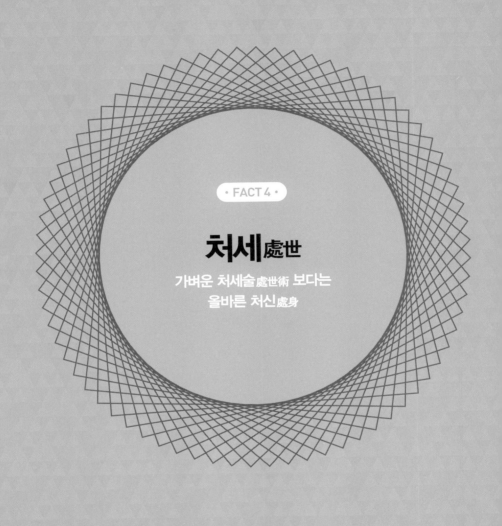

· FACT 4 ·

처세 處世

가벼운 처세술 處世術 보다는
올바른 처신 處身

'떠나고 싶은 이유가 사람이라면,
떠나는 사람을 남아있게 하는 이유도 사람'이라는 말이다.
따라서 관계의 힘을 키워야 한다.
좋은 관계를 유지하는 것이 좋은 직장을 만드는 중요한 요인이다.

결국 떠나고 싶은 이유는
사람이다

● "마누라가 좋으면 처가 집 기둥 보고도 절한다."는 속담이 있다. 그런데 이 속담과 연관된 구전 가요가 하나 있다. 옛날 과거에 급제하고 돌아오던 사위가 길가에서 술과 짚신을 파는 장인·장모를 모른 척하고 무시한 일이 있었는데, 그 무례함을 일깨워 주는 의미로 불린 노래다. "제아무리 배운 사람이라도 도리를 모르면 헛것이제. 미천한 사람이라도 근본은 없을까. 무시하면 자기도 무시 받는 법이제." 이처럼 사람과의 관계에서 항상 경계하고 반드시 마음에 새겨야 할 게 있다. 그것은 '아무리 유능한 사람이라도 남을 무시하면 자기도 무시 받는다'는 사실이다.

팀 페리스는『지금 하지 않으면 언제 하겠는가』에서 이렇게 말한다.

"관계에 어려움을 겪는 사람은 친밀한 관계를 만들어내는 사적인 언어를 모르기 때문이다. 공적인 언어가 아니라 다양한 사적인 언어를 익혀야 한다. 다양한 표현, 수사, 위트, 친밀감을 나타낼 수 있는 형용사와 부사, 나아가 신조어에 이르기까지 부지런히 언어를 수집하다 보면 당신 주변은 당신을 기꺼이 도와주고자 모인 사람들로 북적이게 된다. 좋은 인연을 맺고 싶은 사람이 있다면, 무엇보다 먼저 당신은 그 사람의 언어를 배워야 한다."

관계가 어려워지는 것은 상대방의 입장보다 나의 입장, 나의 의지를 강요하기 때문이다. 때로는 서로 친밀해지길 원하지만 어떻게 해야 친밀해지는지 모르는 경우도 있고, 거꾸로 서로 사랑하는 방법은 알지만, 사랑하고 싶지 않은 경우도 있다. 회사에서는 온종일 함께 생활해야 하는 상사나 동료와 관계가 좋지 않을 때가 많다. 그런 경우엔 출근하는 것이 여간 괴로운 게 아니다. 어떤 사람과 일하는지 여부에 따라 회사생활은 즐거움이 될 수도 있고, 괴로움이 될 수도 있다. 보통 자식을 군에 보내는 부모들은 자식들이 좋은 부대에서 편안한 직무를 수행하기 바랄 것이다. 하지만 어떤 부대가 좋은 부대일까? 대도시에서 근무하면 좋은 부대고, 몸이 편하면 좋은 직책일까? 아니다. 통제된 조직에서 생활할 때는 함께 생활하는 사람이 좋은 곳이 좋은 부대이다.

A는 회사에서 팀장과 팀원들이 자신을 투명인간 취급하며 대놓고 따돌린다고 고민 중이다. 처음에는 1년 이상 팀장과 관계가 좋았다. 각자의 할 일을 구분하여 서로 책임감 있게 자기 일을 추진했다. 그런데 팀장이 퇴근 후 자기계발을 한다며 배움의 길로 간 후부터 팀장의 일이 점점

자신에게 넘어오고 있었다. A도 바쁜데 팀장의 일까지 하려니 점점 짜증이 났고, 결국 팀장의 일을 잘 도와주지 않게 되었다.

이때부터 둘의 관계가 점점 벌어졌다. 그리고 팀장과의 관계가 좋지 않다 보니 다른 팀원들과의 관계도 좋지 않게 되었다. 그들도 팀장과 함께 있으면 A를 투명인간 취급하면서 따돌린다. 이러한 관계는 업무에까지 영향을 미쳤다. 얼마 전에는 팀원들이 준비 중인 프로젝트를 A가 대표로 브리핑했다. A는 브리핑을 잘했다고 생각했는데, 팀장은 아무런 반응도 없었다. 이런 관계가 지속되니 이제는 팀이나 회사를 떠나야 할지 고민하는 지경이 되었다.

관계가 힘들어지는 것에 대해서는 자신도 상대방도 조금씩 책임이 있다. 팀장의 입장에서 보면, 지금까지 잘 지내다가 자신이 힘든 상황이 되니 A가 모른 척한다고 생각할 수도 있다. 하지만 A의 입장에서는, 팀장의 일까지 떠맡아야 하니 힘든 것이다. 그런데 개인적인 감정이 업무에까지 영향을 미치는 것은 바람직하지 않다. A가 발표하고 나서 팀장의 평가가 불안하다면 요령 있게 물어볼 수도 있다.

"팀장님, 오늘 제가 발표한 것에 대하여 잘한 것과 잘못한 것을 말씀해 주시면 감사하겠습니다." 이렇게 물어보면 불안한 마음이 생길 수 있는 가능성을 차단할 수 있다. 그러면 이번 프로젝트로 인해 더는 업무관계가 불안하거나 나빠지지 않는다. 관계를 더 이상 개선하고 싶지 않다면야 서로 피해를 감수하고서라도 계속 불안하게 지내면 되겠지만, 그보다는 대화를 통해 해결하는 것이 좋다. 마음으로만 불편함을 쌓아두지 말고 대화를 해야 한다. 그러면 서로의 입장을 이해하고, 어느 정도 타협점을 찾으면서 관계가 좋아지게 된다. 팀원과 관계가 불편한 건 팀장에게도 손해다. 그러면 팀장도 좋게 평가받기 어려워진다.

최근 우리 사회에는 관계의 변화가 일어나고 있다. 이에 대해 서로가 조심해야 할 것들이 많아졌다. 지금 중년층이 사회 초년생일 때에는 상사나 주변 사람들로부터 힘든 일들을 당해도 견뎌야 했다. 성적인 말이나 인격 모독적인 말을 들어도, 혹은 성차별이나 부당한 대우를 받아도 혼자 가슴에 묻고 지내는 경우가 많았다. 하지만 지금은 이 문제가 거의 모든 회사에서 이슈화되었다. 대인관계에 매우 주의해야 하며, 서로 간에 예의를 갖춰야 한다. 시대가 바뀐 것을 느끼지 못하고 자신의 개성대로 살겠다는 사람이 있다면, 그는 결코 회사생활을 오래 하기 어려울 것이다. 지위 고하를 막론하고 주의하고 또 주의해야 할 일이다.

『선물』에서 스펜스 존슨은 "고통스러운 상황을 겪을 때 그걸 피하려고 자꾸 다른 생각을 하지 말고, 그 고통에서 배움을 얻도록 노력하라."고 했다. 그렇다. 회사에서 고통스러운 것은 과중하게 집중되는 업무일 수도 있고, 일에 성과를 내지 못하거나, 원하는 승진이 이루어지지 않은 것일 수도 있다. 하지만 많은 사람들은 매일 마주치며 함께하는 사람과의 관계가 힘들 때가 제일 고통스럽다고 말한다. 관계가 고통스러울 때는 무엇보다 자신을 뒤돌아봐라.

회사를 그만두지 않는 이상, 그러한 고통에서 쉽게 벗어나지는 못한다. 그렇다고 회사를 그만두는 것은 결코 바람직하지 않다. 그만두고 다른 곳에 간다고 행복하게 근무할 수 있을까? 이럴 때는 원인이 무엇인지 자신을 되돌아보고 찾아야 한다. 원인이 내게 있는지 상대방에게 있는지, 또 해결방안은 무엇인지 찾아보고 해결해야 한다. 직접 해결이 되지 않으면 전문가의 도움을 받아서라도 불편한 관계를 해소할 수 있는 방법을 찾아야 한다. 내 꿈을 이루어주는 회사, 가족의 생계를 유지해주는 회사를 그만두지 않는다면 즐겁게 다녀야 하지 않겠는가?

"저 사람 때문에 힘들어 출근하기 싫다." "저 사람만 없으면 살 것 같다."라고 말하는 사람들이 있다. 그것 때문에 회사를 그만두려는 사람들도 있다. 이처럼 어느 회사든 사람과의 관계가 문제이다. 하지만 동시에 해결의 열쇠이기도 하다. '떠나고 싶은 이유가 사람이라면, 떠나는 사람을 남아있게 하는 이유도 사람'이라는 말이다. 따라서 관계의 힘을 키워야 한다. 좋은 관계를 유지하는 것이 좋은 직장을 만드는 중요한 요인이다. 자신에게 주어진 업무에 최선을 다하는 것도 중요하지만, 상대방의 입장을 이해하고 그 사람의 언어로 대화하려고 노력하는 것도 매우 중요하다.

친한 열 명보다 불편한
한 사람의 적

사람을 만날 때마다

언제나 나 자신을 가장 미천한 사람으로 여기고

내 마음 깊은 곳에서

상대방을 최고의 존재로 여기게 하소서

— 달라이라마 기도문 중에서

자신을 미천하게 여기고 상대방을 최고의 존재로 여긴다면, 관계에 대해서 고민할 일은 결코 일어나지 않는다. 하지만 평범한 사람으로서 회사에서 이러한 관계를 유지하는 것은 커다란 인내심과 배려가 요구되는 일이다. 아마도 대단히 성숙한 인격을 가진 사람일 것이다.

서양속담에 "백 명의 친구는 모자라도 한 명의 적은 벅차다."는 말이 있다. 사람과의 관계가 불편하거나 마음 상한 일이 생기면, 그것은 자신이 원하는 목표를 이루는 데 결정적인 걸림돌이 될 수도 있다. 관계가 불편한 사람에 대해서는, 승진을 시키지는 못해도 방해가 되도록은 할 수 있기 때문이다. 승진을 앞두고 결정적인 상황에서 인간관계를 망쳐보라. 주변과의 관계가 나쁘다고 소문난 사람을 회사에서 높게 평가하겠는가? 인간관계가 나쁜 사람은 직위가 높아질수록 회사에 부담이 된다. 그러면 일 처리도 어려워질 것이다.

회사에서 자신을 이해하고 지지해 주는 가까운 친구는 많으면 많을수록 좋다. 이들은 업무적으로든 개인적으로든 자신에게 늘 도움을 주기 때문이다. 하지만 열 친구를 만드는 것보다 적 하나를 만들지 않는 것이 훨씬 중요하다.

『끌리는 사람들의 백만 불짜리 매력』에서 브라이언 트레이시는 이렇게 말한다. "당신의 인생을 피곤하게 하는 수많은 문젯거리의 중심에는 사람이 있다. 만일 당신에게 적이 있다면 아마도 당신이 싫어하는 것을 그들에게 주었기 때문이다. 의식적이든 무의식적이든 그들의 자존심에 상처를 주고, 자부심을 깎아내리는 말과 행동을 했을 것이다. 이런 사람들이 주변에 많을수록 당신의 인간관계는 비효율적이고 부정적으로 되며, 당신의 업무나 미래 또한 방해받게 된다. 이제까지의 습관이 친구를 만들기 어려운 것이었다면 우선 적을 만들지 않겠다는 결심부터 해야 한다. 이것이 매력과 거리가 먼 사람들이 매력적인 인간이 되기 위한 첫 출발선이다."

프로젝트를 성공시키고도 승진하지 못했던 가슴 아픈 경험이 있다. 당시 나는 나의 1차 상급자와 관계가 좋지 않았다. 나는 그가 말하는 것에 듣기 불편할 정도로 대응을 했고, 그와 나 사이의 관계는 좁혀지지 않았다. 결국 승진대상자 추천심의 자리에서 직속 상사가 나에 대해 불편한 이야기를 했다. 이런 경우 어느 참석자가 상사의 잘못으로 인정하겠는가? 그러므로 개인적이든 업무로든 가능하면 불편한 관계를 만들지 마라. 특히 1차 상급자에게 불편하게 대하는 경우는 각별히 주의해야 한다.

또 하나의 경험이 있다. 직원의 인사평가 방법을 변경한 일이다. 그때 회사에서는 기존에 연 1회 하던 고가평가를 연 2회로 시험 적용하기 위해 1차 상급자 평가를 1회로 종결지었다. 그전까지 평가는 언제나 2차가 최종이었다. 그러다 보니 하급자가 1차 상급자와 관계가 좋지 못해도, 1차 상급자는 평가서를 마음대로 작성하지 못했다. 자신도 상급자에게 평가를 받아야 했기 때문이다. 하지만 그해에는 1차 상급자 종결로 평가를 마쳤기 때문에, 1차 평가자가 아무런 눈치도 볼 것 없이 자신이 느낀 대로 평가를 했다. 이때의 평가로 승진에 영향을 받은 사람들이 많았다고 한다. 결국 관계를 어떻게 맺느냐 하는 것은 언제나 모든 면에서 관심을 가져야 하는 문제다.

한 가지 주의할 점이 있다. 직장에는 힘이 있고 잘 나가는 사람이 있는 반면, 승진에 누락되거나 퇴직해야 할 시기가 다 되어가는 상사들도 있다. 이들은 대체로 힘도 없고 회사의 중요한 일에도 참여하지 않는 경향이 있기 때문에 소홀히 대하기가 쉽다. 하지만 이들은 어떻게 하면 승진에 도움이 되고, 어떻게 하면 불편하게 하는지 그런 면에서는 산전수전 다 겪은 사람들이다. 만약 나이 들었다고, 이젠 힘이 없다고 섭섭하게 대했다가, 그 사람이 다시 힘이 생기면 어떻게 할 것인가? 그러면 제일 먼저, 불편하게 대했던 사람부터 배척된다는 사실을 명심해야 한다.

실제로 있었던 일이다. 퇴직을 앞둔 상사가 크게 힘없고 권한 없는 자리를 지키고 있었다. 그해에 승진이 유력시되던 A 과장은 보고 라인에 이 상사가 들어있는 것 자체가 귀찮았다. 상사로 있지만, 자신에겐 아무런 도움이 되지 않는다고 생각했기 때문에, 그를 찾아가는 것도 싫었다. 말과 행동은 마음가짐에서 나오는 법, A 과장은 그 사람 앞에 가면 자신도 모르게 짜증 나고 왠지 좋게 말해지지 않았다. 상사는 마음이 불편했지만 참았다. 아무 말도 없이, A 과장이 원하는 대로 해주었다. 그러다 그해 인사에서, 한직에 잠시 머물러 있던 그 상사가 갑자기 중요한 직책으로 발탁되어 갔다. 그 자리는 A 과장의 승진에 영향을 미치는 자리였다. 그해 승진하려던 A 과장은 승진은커녕 남들이 꺼리는 자리로 쫓겨나가 전전하다가, 결국은 회사를 퇴직하고 말았다. 열 명의 친한 친구도 중요하지만 불편한 한 사람을 만들어 처참하게 무너진 대표적인 사례이다.

옛말에 "백 명의 친구가 날 위해준다 해도 한 명의 적이 나를 무너뜨리기에 충분하다."고 했다. 힘없고 보잘것없다고 무시했다가 한순간에 무너질 수 있다. 권불십년權不十年이다. 가진 힘이 절대적이지 않다는 것은 역사적으로나 수많은 사람들의 사연에서 볼 수 있다. 동료나 주변 사람에게 풀지 못한 매듭이 있다면 반드시 풀고 가길 바란다. 그렇지 않으면 쉽게 풀기 어려운 매듭이 될 것이다. 자신을 위해서 풀어라. 베푸는 것이 이기는 것이다.

오프라 윈프리는 "용서란 상대를 위한 면죄부를 주는 것이 아니고, 상대방의 행동을 정당화하는 것도 아니다. 내가 앞으로 나아가기 위해서다. 과거에 매달려 앞으로 나가지 못하는 것은 결코 나를 위한 일이 아니다. 나 자신을 위해서라도 용서하라."고 했다.

회사에서 자신이 원하는 목표를 이루기 위해서는 주변 사람과의 관계를 잘 유지해야 한다. 물론 대부분의 직장인은 좋은 관계 속에서 생활하고 있다. 하지만 마음이 틀어지거나 서로 비방하는 관계로 지내는 사람이 있다면 주의해야 한다. 수많은 사람들과 좋은 관계를 만드는 것보다 불편한 한 사람을 만들지 않는 것에 더욱 주의를 기울여야 한다. 최소한 서로 간에 해를 끼치는 관계가 되지 않도록 노력하고 또 관리해야 한다. 이를 위해, 당신이 싫어하는 것은 남에게도 시키지 마라. 또한 내가 좋다고 상대방도 좋아할 것이라는 생각도 버려야 한다. 그리고 사람에게 함부로 충고하지 마라.

아무리 자신이 원하는 목표를 위해 좋은 여건을 갖추고 있어도, 결정적인 시기에 주변에서 비방이나 불편한 이야기를 하고 다니는 사람이 있다면, 그 하나의 문제가 앞길을 방해한다. 설령 그 일이 사실이 아니라고 해도, 그것이 밝혀질 때면 이미 상황은 종료되어 버린다. 비방 받는 당사자는 자신과 아무런 관계도 없는 일로 인해 돌이킬 수 없는 상처와 피해를 받게 되는 것이다.

동료의 자존심은 지켜줘라

● 우시에나 아키라는 『간절히 원하면 이루어진다』에서 "자존심은 자기가 그 자리에서 매우 중요한 존재이고 싶다는, 다른 사람보다 한 단계 높은 존재이고 싶다는 인간 특유의 욕망이다. 즉, 다른 사람들로부터 존경을 받고 싶고, 다른 사람들로부터 주목을 받고 싶다는, 자기가 다른 사람보다 우위에 있다는 욕구를 가리키는 것이다."라고 했다. 이것은 동료보다 자신이 더욱 중요한 위치에서 더욱 중요한 역할을 하고 싶다는 간절한 표현이라 할 수 있다. 이런 사람이 회사에서 동료보다 뒤처진다면 자존심이 크게 상한다.

대부분 사람은 자존심을 세워주면 우쭐해지고, 자존심에 상처를 받으면 우울해지면서 상대방을 미워하게 된다. 인간은 감정적인 존재라 어쩔 수 없는 모습이다. 특히 경쟁 관계에 있는 사람이 얻지 못한 것을 자신이 얻었을 때 상대방의 무능함이나 아픈 마음을 건드리며 자신을 드러내곤 하는데, 이는 결코 해서는 안 되는 행동이다. 그 사람에게는 조만간 찾아가서, 원하는 결과를 함께 얻지 못한 것에 대해 아쉬움을 전하라. 다음에는 꼭 원하는 것을 얻기 바란다는 마음을 진술하게 표현하라. 그러면 당신은 그 사람과 함께 가는 좋은 기회를 얻게 된다. 상대방과 편안한 관계를 유지하기 위해서는 자존심을 최대한 지켜주고 배려해주어야 한다. 자존심을 지켜주는 것에는 여러 가지가 있겠지만, 상대방의 장점을 자연스럽게 칭찬하는 것만으로도 충분하다.

다음은 한국경영자총협회에서 전국 219개 기업을 대상으로 벌인 '2014년 승진·승급관리 실태조사' 결과에서 발표된 내용이다.

대졸 신입사원 1,000명이 입사하면 7.4명이 임원이 된다. 대기업의 경우는 4.7명이다. 사무직 대졸 사원이 부장으로 승진하기까지는 평균 17.9년, 임원이 되기까지는 평균 22.1년이 걸린다. 조사를 보면, 현재의 직급별 승진 비율이 유지된다는 가정하에 신입사원이 부장으로 승진하는 비율은 2.41%, 임원으로 승진하는 비율은 0.74%였다. 이는 1천 명이 입사하면 불과 7.4명만 임원이 된다는 뜻이다. 기업의 규모별로 보면, 대기업의 경우 부장 승진 비율은 1.8%이고, 임원 승진 비율은 0.47%이다. 이에 비해 중소기업은 11.5%와 5.6%로, 대기업보다는 많지만 역시 만만치는 않다.

회사에서 승진은 오래 근무하게 하는 강력한 동기가 된다. 하지만 직급이 하나 동료보다 빨리 올라갔다고 뒤따라오는 동료를 무시하면 안 된다. 이번 승진은 당신보다 늦었을지 몰라도, 부장, 임원으로 승진하는 것은 당신보다 빠를 수도 있기 때문이다. 출발은 늦었어도 상급 직위로 올라가는 것이 빠른 사람들은 생각보다 많다. 자신이 조금 빠르다고 동료를 무시하다가 결국은 회사를 그만두는 사례는 얼마든지 있다.

다음은 리웨이원의 저서 『결국 이기는 사람들의 비밀』에서 발췌한 내용이다.

중국의 자동차회사 영업사원인 저우 씨의 세일즈 능력이 워낙 뛰어나 실적을 따라올 자가 없었다. 하지만 일정한 성과물을 얻고 난 후 그는 동료들에게 고압적인 태도를 보이기 시작했다. 고객을 직접 상대해야 하는 콜센터 직원들 역시 그의 실적에는 혀를 내둘렀다. 하지만 그의 태도는 몹시 거만했다.

"만약 내가 없다면 너희들도 밥벌이하기 힘들었을 거야."

그는 이처럼 노골적인 말도 서슴지 않으며 직원들을 무시했다. 그리고 이들의 응대가 조금만 불만족스러워도 자신의 고객들이 불만을 제기하도록 유도했다. 처음엔 그의 월등한 능력과 직위 때문에 아무도 불평하지 못했다. 하지만 시간이 지나면서 직원들의 공공연한 저항이 시작되었다. 저우 씨의 거래 고객이 애프터서비스를 요청하면 일부러 시간을 끌거나, 합당한 처리를 제대로 해주지 않았다. 결국 저우 씨에게로 불똥이 튀었다. 자동차를 구매한 후 원하는 서비스를 받을 수 없게 된 고객들의 불만은 삽시간에 소문으로 퍼졌고, 그의 영업실적은 곤두

박질치기 시작했다. 결국 회사 내에서도 입지를 완전히 잃었다. 고객
들에게 신뢰를 잃은 그는 결국 사표를 낼 수밖에 없었다.

이것은 직급이 높고 잘 나갈 때 동료를 무시하고 자존심을 상하게 하
면 결국은 모든 것을 잃고 만다는 사실을 잘 보여주는 사례이다.

사람은 자신이 모든 것을 주도하는 주인공 같은 사람에게 마음이 끌리
는 게 아니다. 오히려 조금 부족하더라도 내가 주인공처럼 느끼도록 만
들어 주는 사람에게 끌린다. 내가 원하는 것을 만들어 주는 사람을 좋아
하고, 그런 사람에게 한없는 고마움과 친밀감을 느낀다. 사람을 얻고 싶
다면 나보다는 상대방을 영웅으로 만들어주어라. 그들은 자신의 능력보
다는 자신을 만들어 준 사람에게 고마움을 느낄 것이다.

가수 윤태규의 노래 〈마이웨이〉에 이런 가사가 있다.

"누구나 한 번쯤은 넘어질 수 있어.
이제 와 주저앉아 있을 수는 없어.
내가 가야 하는 이 길에 지쳐 스러지는 날까지
일어나 한 번 더 부딪쳐 보는 거야."

그렇다. 승진이든 꿈이든 그것은 모든 사람이 이루는 것이 아니다. 조
금 일찍 이루거나 늦게 이루는 사람도 있고, 끝내 이루지 못하는 사람도
있다. 그렇다면 먼저 이룬 사람은 뒤따라오는 사람이 잘 따라올 수 있도
록 격려해주고, 그들이 오는 길이 혼란스럽지 않도록 좋은 이정표가 되

어주어야 한다.

자존심을 지켜줄 사람은 승진이나 꿈을 이루지 못한 사람만이 아니다. 함께 생활하다 부서를 옮기거나 회사를 떠난 사람에게도 마찬가지다. 이들의 자존심을 지켜주는 것도 매우 중요하다. 상사 입장에서도 부하직원의 됨됨이는 같이 있을 때보다 떠나보면 알게 된다. 다른 부서로 옮겨보면 순식간에 알게 된다. 더구나 승진이 아니라 힘이 빠지는 부서로 가거나 퇴직을 해보면 더욱 잘 안다. 같이 직장생활을 할 때는 업무적으로든 개인적으로든 매일 수차례씩 불이 난 것처럼 오던 전화가 언젠가부터 오지 않는다. 처음 몇 번은 연락이 오지만 점차로 줄어들더니, 아예 사라져버린다. 이런 상황에서 연락해주고 찾아주는 부하직원이 있다면 정말 기특하고 사랑스럽지 않겠는가? 퇴직하거나 자리를 옮긴 사람도 회사의 주요 직위에 좋은 관계를 형성한 사람들이 많이 있다. 이런 사람이 찾아와 아끼는 부하를 위해 좋은 말 한마디 하는 것은 어렵지 않다. 섭섭한 감정을 말할 수 있는 것도 마찬가지다.

정기룡·신동선의 저서『퇴근 후 2시간』을 보면, 퇴직했다는 사실을 가장 잘 상기시켜 주는 것은 휴대전화라고 한다. 현직에 있을 때는 아침저녁으로 몸살을 했다. 심지어 사우나 할 때도 비닐봉지에 싸서 들어갈 정도였지만, 퇴직 후에는 하루에 세 통이면 끝난다. 한 통은 아내, 한 통은 대출해 주겠다는 전화, 나머지 한 통은 홍보성 전화.

나 역시 이런 일을 겪었다. 힘 있는 부서장을 하고 있을 때는 온종일 전화기 속에 파묻혀 지낼 정도로 전화를 많이 하거나 받았다. 하지만 그 자리를 벗어나 다른 곳으로 옮기는 순간 기존보다 30~40% 정도가 줄어들었다. 그리고 지금은 그 부서에서도 떠나있으니, 직장에서 생활한 사람과의 전화는 손꼽을 정도다. 지인 중에는 이런 상황을 겪으면서 처음에는 휴대폰이 고장 난 줄 알았다고 하는 사람도 있다. 그렇다고 불평하거나 비관할 필요는 없다. 현직에 있는 사람들은 이런 것을 알지도 못한다. 나 역시 상사들로부터 많은 것을 받았지만 잊어버리거나, 모른 척 그렇게 살아왔다.

자존심을 세워주는 것은 진심 어린 마음으로 해야 한다. 우리 속담에 "머리카락 뒤에서 숨바꼭질한다."는 말이 있다. 얕은꾀로 속이려 하면 안 된다는 말이다. 동료의 자존심을 지켜주는 진심 어린 마음이 아니라 그저 순간을 외면하는 형식적인 행동이라면, 오히려 더 큰 상처를 줄 수 있다. 이런 경우라면 차라리 하지 않는 것이 동료가 마음 상하지 않게 지켜주는 것이다. 세상에서 가장 먼 거리는 가슴에서 머리까지라고 한다. 가슴에서 머리까지 가는 데 평생이 걸리는 사람이 있고, 머리까지 가보지도 못하고 죽는 사람도 있다고 한다. 손으로 재보면 두 뼘밖에 안 되는데, 평생을 걸려서야 가 볼 수 있는 그렇게 먼 거리이다. 가슴은 뜨겁고 너그럽고 애정 가득한데, 머리는 냉정하고 이기적이고 계산적이다. 자존심 상한 사람에게 가슴에서 머리까지의 간격을 좁혀 격려해주어라.

회사에서 자신이 원하는 목표를 달성했을 때 처신을 잘하는 것은 매우 중요하다. 승진이 목표라면 이미 목표를 달성했다고 해서 자신을 잘났다고 여기지 말라. 그렇게 여기는 순간 그 직급은 마지막이 될 것이다. 자기 혼자 잘나서 그 자리에 간 사람은 아무도 없다. 주변에서 누군가가

도와주고 희생해 주었기 때문에 가능했다. "벼는 익을수록 고개를 숙인다."고 했다. 사람도 마찬가지다. 승진한 기분을 지나치게 드러내다 인간관계가 나빠져, 오히려 다음으로 승진하지 못하고 멈추는 경우가 많다. 길게 가고 싶다면 자신을 스스로 낮추고, 마음이 힘든 사람들을 배려하여 그들의 자존심을 높여주도록 노력하라. 그러한 노력들이 더 큰 꿈을 이루어주는 디딤돌이 될 것이다.

상사도 승진하고 싶다

● 사람들은 꿈과 희망을 품고 회사에 다닌다. 그것은 직위가 높은 사람이든 낮은 사람이든 마찬가지다. 자기 여건에 맞춰 과장이든, 임원이든, 사장이든 나름대로 되고 싶은 꿈이 있다. 하지만 대부분의 조직은 피라미드 형태이다. 피라미드는 위로 올라갈수록 대상자에 비해 자리가 좁다. 그리고 올라갈수록 기쁨과 영향력이 크다. 그래서 모두가 승진을 꿈꾸는 것이다.

승진이나 회사생활의 활력을 위해 많은 사람들은 인맥을 갖고 싶어 한다. 힘과 능력이 있고 잘 나가는 상사를 연줄로 잡으면 자신의 미래가 훨씬 탄탄대로가 될 수 있다고 생각하기 때문이다. 그래서 사람들은 어떻게든 그 상사의 눈에 띄어 발탁되기만을 바란다. 그러면 인맥, 즉 '라인'

은 왜 만들어지는 것일까? 회사를 위해서 만드는 것일까? 아니다. 이것은 철저히 그 라인의 제일 꼭대기에 있는 사람의 목적을 위해 만들어진다. 그 안에 있는 사람들은 대개 부속품 정도로 취급당하기 쉽다. 왜냐하면 나를 그 인맥 안으로 발탁해주는 사람은 상사이기 때문이다. 밑에 있는 사람들은 그 상사가 가는 곳으로 가고, 그 상사가 얻는 것을 얻는다. 그 상사가 좋은 결과를 얻으면 자기들도 좋은 결과를 얻는다고 생각한다. 이것이 일반적으로 회사에서 이루어지는 인맥 형성의 모습이다. 그런데 여기에는 심각한 문제가 있다. 내가 아무리 잘하고 상사의 눈에 들어도 발탁해 주지 않으면 아무 소용이 없다는 것이다. 또한 상사의 눈에 들어 발탁된다 해도 일회용이 될지 오랫동안 갈 수 있을지는 오로지 상사의 선택에 달려 있다. 어쩌면 이것은 인맥이라기보다 필요에 의한 동맹이라 할 수 있다.

모든 주도권을 상사에게 맡기고 나를 선택해 달라고 하는 것은 너무나 지나친 기대를 하는 것이다. 상사의 직위가 올라갈수록 그러한 부하직원은 점점 많아지기 때문이다. 자신이 아무리 잘해도 상사가 원하지 않으면 아무런 소용이 없다. 그렇다면 이런 상황에서 벗어나 상사와의 관계를 맺는 주도권을 처음부터 자신이 가지고 가면 된다. 회사에는 업무능력이나 품성이 뛰어나 누구나 같이 일하고 싶은 사람이 있다. 특히, 프로젝트팀을 구성할 때나 부서를 옮길 때 상사 입장에서는 꼭 데려가고 싶은 부하직원이 있다. 이런 직원은 업무능력이 뛰어나 스스로 알아서 추진하거나, 하나를 말하면 열 가지를 알아듣고 일할 줄 안다. 이렇게 유능한 부하직원 한 명만 있어도 많은 부분에서 부담감을 줄일 수 있다. 나아가 이런 직원이라면 상사 자신도 업무능력을 인정받을 수 있고, 승진하고 싶은 욕구도 어느 정도 채울 수 있다. 이것은 인맥보다 더 중요하다. 자신의 능력을 알고 찾는 곳이 많다는 것은 이미 인맥 이상의 지위를 탄탄히 만들었다는 것이다. 인맥이 있어도 능력이 부족한 사람에게는 상사가 도움을 줄 수 없지만, 능력이 있어서 상사가 발탁한 사람은 인맥이 없어도 상사들이 챙겨준다.

여기서 한 가지 유의해야 할 점이 있다. 뛰어난 능력을 인정받아 여러 상사들로부터 함께 일하자는 연락을 받았을 때의 처신 문제다. 여러 곳에서 동시에 요청받아도 당신은 어차피 한 곳만을 선택해야 한다. 그렇지 않으면 괘씸죄에 걸려, 능력을 인정받기보다는 오히려 기회주의자로 낙인찍히게 될 것이다. 그러면 어떻게 처신해야 좋을까?

우선은 자신이 근무하기 원하고 잘할 수 있는 곳에서 일하는 게 좋다. 좋아하는 팀을 선택했다면, 다른 팀에게는 기회를 줘서 고맙지만 이런 사정으로 어느 팀에서 근무하게 되었다고 정중히 말해주어야 한다. 만약 자신이 원하는 곳에서는 연락이 없는데 다른 여러 곳에서 동시에 연락이 왔다면, 특별한 차이가 없는 한 가급적 먼저 연락 온 곳이나 하고 싶은 것에 근접한 부서를 선택하는 것이 좋다. 자신의 능력을 그만큼 인정해주고 함께하길 원하기 때문이다. 당장 결정하기 곤란하면 생각할 시간을 달라고 정중히 요청하라. 그리고 원하는 팀을 선정하였다면, 나머지 팀에게는 직접 전화를 하여 인정해 줘서 감사하지만, 이렇게 결정되어 미안하다는 말을 꼭 전해야 한다. 여기서 유의할 점은, 많은 곳에서 자신을 원하고 있다는 인상을 주면 안 된다. 이것은 자칫 상사나 다른 팀의 역린

逆鱗, 즉 자존심을 건드리는 것이 될 수도 있기 때문이다.

『공피고아攻彼顧我』에서 장동인과 이남훈은 이렇게 말한다. "직장인이 상사에게 가장 얻고 싶은 것은 무엇일까? '승진', '인정' 등 사람마다 다양한 대답을 하겠지만, 그것을 하나로 압축해 표현한다면 바로 상사의 '믿음과 신뢰'다. 직장에서 가장 빠르고 확실하게 조직의 심층으로 들어가기 위해서는 이 '믿음과 신뢰'부터 획득해야 한다. 상사에게 믿음과 신뢰를 받지 못하는 직원은 언제까지나 비주류에서 맴돌 뿐이다.

능력이 있다고 모두가 높은 자리로 승진하는 건 아니다. 다른 건 몰라도, 상사의 눈 밖에 난 직원은 결코 그 자리에 오르지 못한다.

『삼국지』에서 혈맹에 가까운 상사와의 동지애를 보여준 사람이 있었으니, 바로 조조의 뛰어난 참모 '정욱'이다. 그는 믿음이라는 것이 어떤 행동으로 만들어지는지를 잘 보여주었다. 삼국지 3대 전투 중 하나라 불리는 관도대전. 즉, 원소가 10만 대군과 함께 조조를 공격하기 시작할 때였다. 이때 조조의 부하 정욱은 고작 700여 명의 부하들과 성을 지키고 있었다. 사태가 이러하니 조조가 수천 명의 군사를 보내겠다고 했는데, 정욱은 "저를 지원하지 마십시오. 수천 명의 군사가 저희 성으로 오면 원소는 반드시 공격할 것이고, 더불어 수천 명의 군사들만 잃을 뿐입니다. 그러나 허약한 700여 명의 군사만 이곳을 지키고 있다면 원소는 이 성을 그냥 지나칠 것입니다."라고 편지를 보냈다. 그의 편지는, 자신은 상관없으니 수천 명의 목숨을 보전하라는 의미였다. 즉, "나를 구하기보다는 먼저 당신을 구하라."는 의미의 메시지를 보낸 것이다. 이 일을 계기로 정욱에 대한 조조의 믿음과 신뢰는 상상하기 힘들 정도로 강해졌다고 한다. 믿음이란 이렇게 강렬한 사건을 겪으면 순식간에 쌓이기도 한다.

자신의 능력이 탁월하여 상사를 선택할 수 있는 사람이든, 능력은 부족하지만 처음부터 상사와 믿음과 신뢰로 함께 생활해 온 사람이든 그는 결국 자신을 위해서가 아니라 상사를 빛내기 위해서 일해야 한다. 그래야 원원^{Win Win} 보다는 올원^{All Win} 하면서 업무를 추진하고 회사 내에서 성장할 수가 있다.

아무리 직위가 높아도 더 높이 올라가고 싶은 것이 모든 이들의 마음이다. 그 자리를 차지하는 게 천 명 아니 수만 명 중 단 한 명이라 해도, 그 한 사람이 바로 내가 되고 싶은 게 사람이다. 흔히 말하는 경쟁률 따위는 의미가 없다. 되었느냐 안 되었느냐 하는 결과만 중요할 뿐이다. 나와 함께 근무하는 상사도 마찬가지다. 상사도 승진하고 싶어 한다. 그 꿈을 이루는 데 마음으로든 실질적인 업무를 통해서든 도움을 주는 부하직원이 있다면 얼마나 고맙겠는가? 기회가 된다면 그 사람을 발탁해서 더욱 큰일을 하도록 여건을 만들어 줄 것이다. 설령 상사가 승진하지 못했다 해도, 그 부하직원에게는 좋은 기회를 만들어줄지도 모른다. 그러므로 회사에서 오랫동안 능력을 발휘하며 근무하고 싶다면, 대상에 따라서 일하기보다는 언제 누구와 함께 일하든 최선을 다하여 노력해야 한다.

상사도 승진하고 싶다는 마음을 살펴라. 직위가 높을수록 승진이 되는 것은 바늘구멍이다. 그래도 이왕이면 다홍치마라고, 내가 좋아하고 나를 좋아하는 상사가 승진되면 그 또한 나의 기쁨이다. 하지만 그가 승진했다고 나에게 어떤 좋은 일이 있겠지 하고 기대하지는 마라. 결과는 기대하지 말고 그 자체의 기쁨만 즐겨라. 그것은 오롯이 상급자의 몫이다. 기대가 실망으로 바뀌면 얼마나 마음이 아프겠는가?

성과는 결국 오롯이
실무자의 몫이다

"삼류는 자신의 능력만 활용하고,
이류는 타인의 능력을 활용한다.
일류는 타인의 능력을 끌어낸다."
— 한비자

부하직원에 대한 신뢰와 사랑은 그의 마음을 움직여 감동하는 데서 출발한다. 상사가 부하 직원에게 사랑과 관심을 쏟는다면 부하직원들에겐 감동과 자발적인 존중의 마음이 만들어진다. 상사로부터 감동을 한 부하직원은 기꺼이 상사와 회사를 위해 최선을 다해 근무하며 좋은 성과로 보답한다. 그렇게 아름다운 관계가 지속된다.

전남 장성에서 근무할 때였다. 부서원 중에 오랫동안 승진한 직원이 없었고, 같이 근무하는 직원도 대부분 승진의 기회가 지나 퇴직을 준비하는 경우가 많았다. 그렇다고 이들에게 일이 없는 것은 아니다. 승진이나 퇴직과 관계없이 그들에게는 주어진 업무가 있다. 문제는 자기 일에 애정과 열정을 가지고 하느냐, 그렇지 않으면 마음은 떠나고 일하는 흉내만 내느냐 하는 것이다. 이 역시 부서장의 입장에서는 중요한 요소이다. 승진의 적기를 놓쳤다고 각자가 자신의 역할을 하지 않는다면 부서 전체는 성과를 내지 못하기 때문이다. 그래서 나는 '행복한 직장생활'을 우리 부서의 첫 번째 목표로 삼았다.

　부서원 중에는 타 지역에서 와서 혼자 생활하는 직원이 많았다. 부서장으로서 나는 모든 직원을 소중히 여기며 자기의 역할을 잘하도록 만드는 것에 우선을 두었다. 특이하게도 부서에는 해외여행 경험이 있는 직원이 거의 없었다. 근무 지역을 자주 옮겨 다니는 특성 때문이기도 했지만, 여건이 된다 해도 눈치를 보는 경우가 많아 해외여행을 꿈꾸지 못한 것이다. 나는 가족과 함께 해외여행을 다녀오도록 권장도 하고 조치도 적극적으로 취해 주었다. 다녀온 직원들은 매우 만족해하며, 자기 일에 더욱 집중하였다.

　또한 부서원들과 친목을 도모하는 의미에서 사무실을 떠나 당일 또는 1박 2일로 워크숍을 자주 다녔다. 다행히 내 상급자도 부서의 활력을 위해 워크숍 등 여러 가지 활동들을 권장했기에 어려움 없이 추진할 수 있었다. 여건이 주어질 때는 망설임 없이 추진해야 한다. 기회가 언제나 오는 것은 아니기 때문이다. 생각해보니 전라남도에서 언제 또다시 근무하겠는가? 이 기회에 '남도 투어'를 하는 것도 좋겠다는 생각이 들었다. 마침 부하직원들도 대부분 고향이 타지였다. 아름다운 섬들과 다양한 음식이 있는 맛의 고장에서 근무한다는 것은 다시 오지 않을 기회인 것이다. 그래서 경치는 좋지만 혼자 다니기는 힘든 곳들을 1박 2일 워크숍 장소로 선정하여, 부서원들에게 즐거움을 주려고 노력했다. 지리산 천왕봉과 노고단, 윤선도의 유적이 깊은 보길도와 땅끝마을, 다산초당과 명사십리, 구례 산수유 축제, 춘향의 고장 남원, 슬로시티 신안 증도, 명량해전의 진도, 여수 순천만 일대, 곡성 기차마을 등, 수많은 명소를 다니며 많은 추억을 남겨주었다. 여름날에는 일과가 끝나면 부하직원들과 서해안의 석양을 보러 다녔다. 영광 '백수해안도로'나 무안의 '조금나루' 등 혼자라면 생각도 못 했을 곳을 함께 다니니 직원들도 모두 행복해했다. 나 역시 처음 부임할 때 마음먹은 대로 부하 직원들이 점점 행복해하는 모습을 보니, 부서장으로서 많은 보람을 느꼈다.

그동안 우리 부서는 오랫동안 승진자가 나오지 않으니 근무하기를 꺼리는 부서가 되어있었다. 어느 부서든 승진이 많이 되어야 희망을 품고 근무하며, 또한 능력을 갖춘 사람들이 오려고 하는 법이다. 따라서 나는 우리 부서에서 승진하는 직원이 나올 수 있도록 노력했다. 누가 승진할지는 모르지만, 업무성과가 좋다면 안 될 것도 없었다. 우리는 업무성과 달성에 열심히 매진했고, 운이 좋게도 그해에 우리 부서에서 승진한 직원이 나왔다. 다음 해부터는 근무하러 오고 싶다는 희망자가 생기기 시작했다. 우리 부서는 꺼리는 부서에서 희망하는 부서로 바뀌었다.

이렇게 희망과 행복을 느끼는 생활이 되다 보니 부서의 업무 성과는 날로 향상되었다. 그해 연말에는 육군본부 교리 분야 우수부대, 교육사령부 전투 발전 분야 우수부대로 부서 내 3개 과가 모두 선발되어 포상과 부상을 받았다. 한 해 동안 최고의 성과를 거둔 부서가 된 것이다.

한비자韓非子는 "태산에 부딪혀 넘어지는 사람은 없다. 사람을 넘어지게 하는 것은 작은 흙무더기다."라고 했다. 부하직원이 상사나 회사에 바라는 것은 결코 많은 것, 줄 수 없는 것이 아니다. 상사나 동료의 따뜻한 눈길과 말 한마디 그리고 그들의 마음속에 있는 사소한 감정을 알아주고 건드려주면 된다. 방법은 일부러 찾을 것도 없이 간단하다. 혼내고 싶을 때는 칭찬할 것을 찾아 칭찬하면서 다음부터 잘하라고 격려해주고, 칭찬하고 싶을 때는 그냥 칭찬하면 된다. 내가 이런 단순한 원리를 좀 더 일찍 알고 실천했더라면 나도 나의 부하직원도 직장생활이 더욱더 즐거웠을 텐데, 그렇게 하지 못했던 것이 못내 아쉽기만 하다.

상사는 부하직원이 이루어내는 성과에 자기의 몫과 자기의 꿈을 생각하지 않아야 한다. 그래야 리더십이 생긴다. 상사가 수행해야 할 중요한 역할 중의 하나는 부하직원들이 열심히 일할 수 있는 여건을 만들어 주고, 복지 향상에 관심을 가지고 조치해 주며, 그들의 성과에 합당한 포상을 주는 것이다. 또 하나 중요한 것은 일의 결과에 대한 책임을 지는 것이다. 직위가 높을수록 권한과 책임이 커질 텐데, 권한은 적게 갖고 책임을 키운다면 존경받는 상사가 될 것이다.

미국 남북 전쟁 중 가장 치열했던 전투 중 하나는 '게티즈버그 전투'이다. 운명을 건 한판 승부를 앞두고 링컨 대통령은 마이드 장군에게 공격 명령을 내렸다. 공격 명령엔 한 통의 편지가 동봉되었다. "존경하는 마이드 장군! 이 작전이 성공한다면 그것은 모두 당신의 공로입니다. 그러나 만약 실패한다면 그 책임은 내게 있습니다. 만약 작전에 실패한다면 장군은 링컨 대통령의 명령이었다고 말씀하십시오. 그리고 이 편지를 모두에게 공개하십시오!" '공은 부하에게 돌리고 책임은 자신이 지는' 링컨 대통령의 모습에서 우리는 진정한 리더십을 발견하게 된다.

상사와 부하직원의 관계에서 마음이 떠나거나 서로 어려움을 겪게 하는 문제는 대체로 작고 사소한 것에서 시작한다. 상사가 말하는 사소한 말 한마디에 부하에 대한 편견이 실려 있거나, 성과에 대한 보상이 공정하지 않을 때 부하의 마음은 멀어진다. 신뢰를 쌓는 데는 오랜 시간이 걸리지만, 신뢰를 잃는 것은 짧은 시간이면 충분하다.

때로는 부서원들이 회사에 커다란 손실을 주거나 회복하기 어려운 잘못을 저지르는 경우도 있다. 이런 경우엔 정말 상사로서 곤혹스럽다. 만약 인접부서나 다른 회사에서 이런 일이 생겼다면 경각심을 불러일으킬 '타산지석他山之石'으로 삼아라. 우리 부서원들이 성과를 가져오지 못한다 해도, 이런 문제를 만들지 않는다는 것만으로도 고맙게 여겨라. 그러므로 부서원들이 문제를 일으키지 않고 오히려 성과를 낸다면, 상사로서는 그 자체로 자기 몫을 얻은 것이다. 부하직원이 만들어낸 성과는 온전히 그에게 돌려줘라. 아니 상사로서 더 많이 만들어줘야 한다. 그러면 부하 직원은 더욱더 많은 성과를 내려고 혼신의 노력을 다할 것이다. 부하직원이 잘하여 성과를 거둔다면, 상사는 그것으로 만족하면 된다. 이 일에 자신이 어떻게 지침을 주었다느니, 어떤 역할을 했다느니 하고 말할 필요가 없다. 이미 만들어진 성과에 숟가락 하나 더 얹어 놓으려는 속 좁은 상사의 모습으로 보여, 오히려 반감만 가져올 수 있다.

　상사는 부하직원이 직장에서 즐겁고 행복하게 생활할 수 있도록 여건을 만들어 주어야 한다. 그러면 직장에서 더욱더 많은 성과도 행복도 얻을 수 있다. 나아가 부하직원이 잘못하는 경우에도 자신이 책임지겠다는 각오로 배려하고 베풀어 줄 때 그들의 마음을 얻는다. 공명심을 가지고 사소한 욕심과 공치사에 현혹되어 큰 것을 놓쳐버리는 사람들도 많다. 그러나 성과를 비롯한 좋은 것은 부하 직원에게 모두 돌려주고, 문제가 있을 때 책임을 지겠다는 자세를 가져야 한다. 그러한 자세를 실천하는 상사에게 부하직원은 성과로, 충성으로 보답할 것이다. 군에서 즐겨보고 듣던 글이 다시금 생각난다. "공훈은 부하에게, 책임은 나에게."

높을수록 떨어질 때
더 아프다

● 신입 시절부터 오랫동안 힘들게 생활하여 높은 직위에 올라갔다면, 직위가 끝나는 순간까지 그 일을 잘 수행하고 자기관리를 잘해야 한다. 어렵게 노력하여 원하는 직위까지 올라갔는데, 말 한마디 잘못하거나 순간적인 행동 하나로 그동안 쌓은 모든 것이 무너져버린다면 어떻게 하겠는가? 아닌 게 아니라 그렇게 나락으로 떨어지는 상사를 자주 보았다. 언론을 통하여 쉽게 접할 수 있는 일들이다. 최근에 사회적 이슈가 되었던 인물도 있었다. 어떤 이들은, 자신은 잘못이 없는데 모함을 당했다고 한다. 하지만 예로부터 "오얏나무 아래서는 갓끈을 고쳐 매지 말라."고 했다. 사소한 것이라도 오해를 살만한 언행은 아예 하지 말라는 것이다.

"무심코 던진 돌에 개구리가 맞아 죽는다."는 말도 있다. 힘이나 권력이 있는 사람이 상대방에게 하는 말과 행동은 피해 당사자 입장에서는 돌이킬 수 없는 상처가 되기도 한다. 그러나 가해자들은 순간적인 농담을 했을 뿐이라고 한다. 상대방이 거부하지 않았기 때문에 자신에게 호감을 느낀 것이라고 착각하기까지 한다. 문제가 표출되면 "그때 왜 싫다고 말하지 않았느냐?"고 오히려 책임을 전가하기도 한다. 당사자가 상대의 힘에 짓눌려 말하지 못하면서 얼마나 힘들어했는지, 얼마나 괴로워하며 어디까지 극단적인 것을 고민했는지 생각조차 하지 않는다.

여기 한 초등학생의 사례가 있다. 어린 학생들도 이렇게 힘들어하고 마음고생을 하는데, 성인들은 어떠할지 역지사지易地思之의 입장으로 생각해 보기 바란다. 손경이 강사의 〈초등학생에게 배운 '위드 유'의 의미〉에서 발췌하였다.

강의를 하러 갔는데 초등학교 5학년 남학생 아이가 쉬는 시간에 찾아와서 "선생님, 수학여행 때 누군가 내 바지를 벗겼어요. 사진을 찍었고, 사과하고 끝났는데 내가 볼 때는 이건 너무 아닌 것 같아요. 제가 용기 내어 다음 시간에 얘기해도 될까요?"라고 말했다.

"선생님이 시간을 몇 분 주면 될까?"

"한 10분 정도면 돼요."

다음 시간에 아이가 다른 아이들 앞에서 말했다.

"한 달 전 수학여행 때 너희들이 내 바지 벗기고 성기를 찍어서 사건 접수가 된 것 알지?"

남자 애들이 방에서 장난하다 바지를 벗기고, 그 순간 핸드폰으로 사진을 찍은 것이었다. 그때 담임선생님이 보고 "야! 너희 둘 사과해! 핸드폰 지워!"라고 말했고, 아이들이 그렇게 사과함으로 끝난 사건이다. 그런데 이 학생이 사과에 대해 말하는 것은 달랐다.

"사과는 주는 게 아니라 받는 것이야. 그게 사과야. 그런데 난 사과를 받은 적이 없어. 담임선생님이 사과하라고 하니까 너흰 내 이야긴 듣지 않고 그냥 사과만 했어. 내가 어떤 고통이 있고, 어떤 것 때문에 힘들어하는지 모르고 그냥 선생님이 시키니까 한 것이잖아. 시켜서 한 것은 사과가 아니야. 사과는 받아야 하는 거야. 내가 마음이 풀리고 받아줄 때까지 사과해야 해. 그게 내가 원하는 진짜 사과야."

그날 담임선생님은 엄청나게 울었다.

아이는 계속 이야기했다. "내가 사과를 가르쳐주겠어. 내 얘기부터 할게. 내가 어떤 후유증이 있는지. 그날 밤부터 난 잠을 잘 때 잠옷을 잡고 잔다. 누군가 벗길 것 같아서. 이게 내 후유증이야. 밤마다 팔이 아파 죽겠어. 나는 너희들이 싫어."

그러자 다른 아이들이 말했다.

"그럴 거라고는 생각 못 했어. 장난으로 바지 하나 벗긴 건데, 지금까지 한 달 동안 힘들어해?"

바로 그때 남자아이 한 명이 앞으로 나오더니 무릎을 꿇었다. 그리고 아주 작은 목소리로 말했다.

"미안해."

그러자 피해받은 아이가 반 아이들을 보며 말했다.

"너희들 전부 가해자다. 그 자리에 있었던 모든 남자는 가해자야. 왜냐하면 전부 손뼉 치면서 '야야. 몰아! 몰아! 야야. 찍어! 찍어! 야, 도망 못 가게 다리 좀 잡아봐! 문 잠가!'라고 말했잖아. 너희들은 왜 나한테 사과 안 해? 너희들도 사과해!"

그러자 여기저기서 아이들이 말하기 시작했다.

"미안해."

"미안해."

그때 그 아이가 말했다.

"꿈을 안 꾸게 되면 그때 사과받을 거야! 난 지금도 꿈을 꾸고 있어. 그런데 내가 학교에 오는 이유가 있어. 그때 누군가가 말한 게 기억나. '야, 찍지 마! 애들끼리 그러면 안 되잖아! 찍지 마! 핸드폰 꺼! 그러면 안 돼!' 분명히 누군가 그랬어. 그게 누구니?"

그러자 남자애 둘이 "나야, 나" 하고 말했다.

"너희들 때문에 내가 죽지 않는 거야. 너희 둘만 친구고, 나머지는 그냥 같은 반이야!"

그러면서 하는 말이, "친구란 어려울 때 도와주는 거야!"

그렇다. 동료란 어려울 때 도와주는 거다. 도와주지 않고 호응하거나 방관하는 사람은 단지 같은 회사 사람일 뿐이다. 인간은 인간을 도와줘야 한다. 그리고 사과는 하는 것이 아니라 받는 것이며, 받는 사람의 억울함이 풀릴 때까지 해야 한다.

'미투 운동'의 확산으로 상사의 불합리한 언행에 대한 인식이 많이 개선되고는 있지만, 사람과의 관계에서 일어나는 일이 사라진다고는 말하기 어렵다. 직장 상사나 동료의 불합리하거나 잘못된 행동으로 인해 일생을 고통 속에 사는 사람들이 있다. 직급이 높거나 고위직에 있는 힘 있는 상사들일수록 이런 문제가 생기면 파장이 커진다. 사회적인 이슈로 부각되기 때문에 피해 당사자뿐 아니라 가해자의 가족들도 힘들어진다. 이런 일이 발생하면, 발생하는 그 순간 주변에 있는 사람들은 못 본 척 지나쳐선 안 된다. 누구라도 상사에게 말해야 한다. "그렇게 하면 당사자가 불편하지 않겠습니까?"라고 용기 있게 말해야 한다. 그것이 진정 상사와 동료를 도와주는 행동이다. 때로는 자신도 모르게 그런 행동을 할 수가 있는데, 그때 주변에서 일깨워주면 더 큰 문제를 미리 방지할 수 있는 것이다.

다음은 인터넷 블로그에 게재된 '업무상 위력 등에 의한 추행죄'를 참고한 내용이다. "업무상 위력 등에 의한 추행죄는 '업무, 고용, 기타 관계로 인하여 자기의 보호 또는 감독을 받는 사람'에 대하여 '위계 또는 위력으로써 추행'을 하면 처벌하도록 규정하고 있다. 회사에서 상사와 부하직원 사이에서 발생하는 추행 사건은 대부분은 이 범죄에 해당할 수 있다. 형법상 강제추행은 '폭행 또는 협박'으로 사람에 대하여 추행해야 성립하지만, 업무상 위력 등에 의한 추행의 경우 '폭행 또는 협박'이라는 요건이 필요치 않는다. 지위 관계가 있는 회사에서 추행이 이루어지는 경우에 폭행이나 협박이 없어도 위 특례법상의 범죄로 처벌되는 것이다. 추행 등 성범죄의 경우 주로 은밀한 공간에서 발생하고, 목격자 진술 확보가 힘들다. (중략) 예를 들어 상사는 부하직원에 대한 추행의 고의가 없었다 할지라도, 피해자보다 높은 지위에 있는 상사가 부하직원의 신체 특정 부위를 만지면서 친근감을 표시한 행위의 경우 부하직원이 수치심을 느꼈다면, 직장 상사의 항변에도 불구하고 업무상 위력 등에 의한 추행 범죄에 해당할 수 있다." 최근 '미투' 운동의 확산과 더불어 사회적 분위기도 성범죄에 대해 더욱 엄벌에 처해질 확률이 높다.

부하직원과 성추행이나 불필요한 접촉 및 언행으로 문제가 되는 경우를 보면, 상사의 인식 차이에서 오는 경우가 많아 참으로 안타깝다. 특히 조직이 권위적일수록 상사들이 착각하는 경우가 많다. 이런 상사는 부하직원이 자신의 힘에 눌려 있으며, 불편해도 참고 있다는 것을 인식조차 하지 못한다. "예전에는 안 그랬다."라거나 "그때에 비하면 이 정도는 아무것도 아니다."라는 착각에 젖어있다. 하지만 그러한 인식을 고치지 않는 한, 자신이 그동안 이룬 모든 것이 한순간에 떨어질 준비가 되어있다고 각오해야 한다. 특히 술자리를 주의해야 한다. 회식 자리에서는 상급자와 부하직원 간에 이성이 옆자리에 앉지 않는 것이 서로를 위해서 좋다. 하지만 여기에는 안타깝게 여겨지는 것이 있다. 이들은 이성이기도 하지만, 자신이 원하는 분야에서 일을 같이하는 부하직원이거나 동료이다. 이런 부하직원이나 동료 사이를 이성 간의 문제로 만들어버리는 상황이 참으로 안타깝다. 남녀가 아니라 같은 일을 하며 회사를 위해, 부서의 발전을 위해 노력하는 같은 부하직원으로 인식해야 하지 않겠는가? 그러한 마음으로 회식을 해야 사기도 올라가고 업무능률도 향상되지 않겠는가?

직장에서 최선을 다해 생활하고 어렵게 원하는 직위까지 승진하여 그 동안의 힘들었던 시간을 보상받았다고 생각하면 자신에게 참으로 자랑스러울 것이다. 하지만 한순간의 잘못된 처신과 행동으로 모든 것을 잃어버리는 일이 다반사로 일어나고 있다. 높이 올라가면 올라갈수록 떨어질 땐 더욱더 아픈 법이다. 혹자는 자기가 한 일이 아니라고 억울해하며 법적인 판단을 기다릴 수도 있다. 하지만 그러는 동안 자신은 이미 무너지고 있다. 그러니 사소한 오해라도 불러올 수 있는 언행은 결단코 주의해야 한다. 한순간에 모든 것이 무너지고 나서 아니라고 한들, 그 아픔은 고스란히 자신의 몫이 되는 것이다.

모든 사람을 마지막인 것처럼
정성을 다하라

사람과의 관계는 만남과 헤어짐의 연속적인 과정이다. 옛말에도 회자
정리 거자필반會者定離 去者必返이라 했다. "만난 사람은 반드시 헤어짐이 있
고, 만날 사람들은 반드시 다시 만나게 되어 있다."는 말이다. 직장생활
도 마찬가지다. 같이 근무하는 동료가 지방이나 해외로 자리를 옮길 수
도 있고, 정년이나 퇴직으로 헤어지기도 한다. 한 번 헤어지면 다시 만나
지 않을 수도 있지만, 만날 사람들은 반드시 다시 만나게 되어 있다. 따
라서 헤어지는 사람과 좋은 관계를 갖지 못하면, 그 사람과 다시 만날 때
매우 불편한 상황을 맞이하게 된다.

회사에서 함께 생활했던 사람 중에 승진하여 자리를 옮기거나, 원하는
직위로 이동하는 사람들이 있다. 이들은 대체로 자신들이 원해서 옮기

는 것이다. 이렇게 자리를 옮기는 사람들에겐 많은 사람들이 마음을 다해 축하해주며 좋은 관계를 맺고 싶어 한다. 어쩌면 회사에서 살아가는 처세의 한 방법이다. 하지만 원하지 않는 곳으로 이동하거나, 퇴직하는 경우에는 참으로 쓸쓸하고 조용하게 자리를 떠난다. 인생의 황금기를 보냈던 소중한 직장을 떠날 때는, 겉모습으로 보이는 행사는 화려할지라도 마음만은 기댈 곳 없이 쓸쓸하고 황량한 사막인 것이다.

어느 인터넷 카페에 올라온 '퇴직자들의 달라지는 모습'이라는 글에서 옮긴 내용이다.

"나이가 들면서 공직이나 기업체에서 퇴직하게 되면 공연히 주변의 눈치를 보게 되고 아내와 가족들의 눈치를 보게 된다. 어찌 보면 주눅이 든다고 할까? 때로는 혼자 있고 싶어지고, 만나는 사람도 선별해서 만나게 된다. 인생은 홀로 서는 게 아니라 같이 서는 것이다. 만남의 중요함은 매듭이다. 성공하는 사람들을 보면 일에 미치지 않으면 성공하지 못한다. 그럼에도 퇴직하면 모든 게 자신감이 없어진다. 과거를 회상하고 허탈해질 수가 있다. 길을 가다가도 '뭘 해 볼까?' 하고 편의점이나 포장마차, 커피 전문점을 유심히 살펴본다. 집에서도 부인이 해주던 것을 언제부터인가 자기가 치운다. 잠자다가 슬며시 나와 혼자 TV를 보거나 허공을 응시하거나 창밖을 내다본다. 등산이나 낚시도 언제부터인가 혼자서 다닌다. 뉴스만 보더니 드라마로 옮긴다. 아침엔 잠자리에서 몸만 빠져나가더니, 이불도 개고 청소도 하고 밥상도 치운다. 아내가 외출하면 멀거니 쳐다본다. 언제 오느냐고 묻지도 못한다(퇴직 10년 차). 신문 보기를 즐기더니 언제부터인가 '벼룩시장'으로 옮겨간다."

이런 사람에게 아무런 이해관계도 없이 단지 함께 근무했다는 이유로 가끔 연락하는 사람이 있다면, 그런 사람은 참으로 고마운 사람이다. 힘이 있을 때, 같이 생활할 때는 잘 챙겨주지도 못했는데 힘없이 떠난 사람에게까지 관심 가져주다니, 겪어보지 않은 사람은 절대로 이해하지 못할 일이다. 이렇게 떠난 상사나 동료에게까지 지속적인 관심과 정성을 다하여 관계를 유지하는 직원이라면, 같이 근무하고 있는 상사나 동료에게도 틀림없이 관계를 잘 맺고 있을 것이다.

만약 근무하는 동안 조금이라도 불편했던 일이 있었다면, 퇴직이나 이직하기 전에 반드시 관계를 개선하고 헤어지는 것이 좋다. 퇴직 이후에 어떤 모습으로 다시 관계가 형성될지, 다시 만나게 될지는 현직에 있는 사람도 퇴직하는 사람도 모른다. 결국에는 모든 사람이 나이가 들고 퇴직을 할 텐데, 자신만은 영원히 승진하고 회사생활을 할 것 같은 착각 속에 생활하지는 말아야 한다.

회사에서 같이 근무하는 사람이든 길거리에서 만나는 전혀 모르는 사람이든, 어떤 경우라도 불편한 일이 생기면 관계를 개선하려고 노력할 필요가 있다. 전혀 모르는 사람과 왜 관계를 개선해야 하느냐고 물을 수도 있다. 그러나 누구라도 불편한 관계에 있다면, 우선 내 마음이 편하지 않다. 이런 경우, 상대방보다는 내가 편해지기 위해서라도 관계를 좋게 푸는 방법이 있다. 조 비테일과 이하레아카라 휴 렌은 『호오포노포노의 비밀』에서 "미안합니다. 사랑합니다. 용서해주세요. 고맙습니다."라고 마음속으로 용서를 빌라고 조언한다. 자신이 불편한 상황으로 좋지 않은 경우에는 이렇게 하는 것만으로도 마음이 매우 편해짐을 느낄 수 있다.

이렇게 하는 습관을 갖는 게 좋다.

얼마 전, 간단히 식사하러 갔다가 일하는 직원에게 무시당한다는 느낌을 받아 나도 모르게 짜증을 내고 말았다. 상대방은 자기의 일에 충실히 한다고 생각한 것이겠지만, 고객 입장에서는 잘 이해가 되지 않는 부분이었다. 이유가 무엇이든 그것이 중요한 것이 아니라, 내가 그 장소에서 불편한 표정과 말을 했다는 것이다. 막상 나오고 나서 생각하니, 괜한 일로 짜증을 내어 두 사람 모두 불쾌한 감정이 들게 되었다는 생각에 마음이 계속 불편했다. 힘들게 일하는 사람에게 왜 짜증을 내었는지, 특별한 일도 아니었는데 왜 그냥 넘어가지 못했는지, 나 자신이 너무나 어이없고 싫었다. 목적지로 이동하면서 혼자 조용히, 몇 번을 반복해서 용서를 구했다.

별것도 아닌 일에 공연히 짜증을 내서 "미안합니다."

짜증 내는 나를 그냥 받아줘서 "고맙습니다."

다시 한번 용서를 구합니다. "용서해주세요."

이렇게 용서를 받아줘서 "고맙습니다."

직접 만나 대화하진 못했어도 마음속에 진심을 담아 몇 차례 용서를 구하니, 감사하게도 내 마음이 한결 편안해졌다. 물론 그분에게는 들리지 않았겠지만, 나와 같이 마음이 한결 편해졌으면 좋겠다는 생각이었다. "미안합니다. 사랑합니다. 용서해주세요. 고맙습니다." 이 말을 자주 사용하면 사용할수록 자신의 마음이 정화됨을 확실히 느낄 수 있다.

인간은 다른 사람과 교류하지 못하면 매우 괴롭다고 한다. 인간관계가 다소 불편한 사람에게 원인이 무엇이냐고 물으면 교류, 즉 대화가 잘 이루어지지 않기 때문이라 한다. 우선 내가 먼저 마음을 열고 다른 사람과 교류하고자 노력해야 한다. 그러면 관계가 좋게 변한다. 그런데 문제는 자신의 마음이나 느낌을 상대방에게 잘 말하지 않으며, 상대가 진심으로 말하는 것도 들으려고 하지 않는다는 것이다.

아담 J. 잭슨은 『내가 만난 1%의 사람들』에서, 다른 사람과 교류하는 방법에 대해 조언하면서 "내가 이제 곧 죽게 되어서 원하는 사람에게 전화를 한 번밖에 할 수 없다면 누구에게 할 것이고 무슨 말을 할 것인가? 그런데 왜 망설이고 있는가?"라고 말한다. 어떤 사람을 만날 때마다 그것이 마지막 만남일 수도 있다는 사실을 늘 명심하고 만난다면 결코 소홀하게 대하지 않을 것이다. 그래서 할 수 있을 때 하고 싶었던 말을 해야 한다. 인생에서 가장 큰 고통 중 하나는 그들이 살아있을 때 그들에게 감정을 말해주지 않거나, 혹은 그들이 자신에게 얼마나 중요한 존재였는지 알려 주지 않아 생긴 후회의 고통이라고 한다. 따라서 상대와의 관계에서 문제가 발생하는 것을 막기 위해서는 교류가 필요하다. 실제로 인간관계에서 대부분의 문제는 생각이나 감정을 서로 교류하지 못하기 때문에 일어난다. 그 결과 분노와 원한이 쌓이고, 언젠가는 폭발해 버리는 것이다.

그렇다. 지금부터 내가 만나는 모든 사람에게 죽기 전에 마지막으로 한번 말할 수 있는 상황이라 생각해보라. 그렇다면 불편한 말보다는 그 사람과 관계를 개선하고 싶은 심정으로 좋은 말을 할 수밖에 없을 것이다. 힘 있는 자리에 있는 사람이든 힘없이 자리를 옮기거나 퇴사한 사람이든, 그들과 좋은 관계를 맺었다면 오랫동안 지속하려고 노력해 보라. 지금 이 전화가 내 생명이 다하는 마지막 순간이라 생각하며, 정성과 마음을 다해 관계를 맺어나가 보자.

달라이 라마의 글이 마음속에 깊이 느껴진다.

"사람을 만날 때마다 언제나 나 자신을 가장 미천한 사람으로 여기고
내 마음 깊은 곳에서 상대방을 최고의 존재로 여기게 하소서"

· FACT 5 ·

열정熱情

그저 열정 하나 키웠을 뿐인데

세상의 어려운 일 중 하나가
"남의 주머니에 있는 돈을 내 것으로 만드는 것"이라고 한다.
회사생활이 바로 그렇다. 그래서 기본적으로 어려울 수밖에 없다.
대부분의 사람들은 이런 어려움을 가지고 있으면서도 극복하며 생활한다.
당신은 어떤 모습으로 생활하고 있는가?

열정을 자극하는
내 안의 '인정 욕구'

● 인간이 가지고 있는 가장 깊은 욕구는 타인에게 인정받으려는 '인정의 욕구'라고 한다. 심리학자 칼 로저스는 "모든 사람은 자신이 중요하다고 여기는 사람으로부터 따뜻함, 존경, 숭배, 사랑 그리고 수용 받고 싶어 하는 욕구가 있다."고 했다. 상대방을 한 사람의 인격체로 존중하고, 그 사람이 하고 있는 일을 진심으로 인정해 주고 관심을 갖는 것은 매우 중요하다. 하지만 우리는 사실 칭찬하거나 인정하는 것에 대체로 익숙하지 않다.

회사생활이 힘들어도 즐겁게 출근하는 사람이 있다. 신바람이 나는 것이다. 힘든 가운데도 이런 마음을 갖는 것은 같이 근무하는 상급자나 동료들과의 관계가 원만하거나 즐겁게 일할 때이다. 서로를 도와주고 격려해주는 관계 속에 생활한다는 것은 회사생활의 기쁨일 것이다. 업무를 추진할 때 중요한 일이든 사소한 일이든 칭찬받고 인정받는다면 그것은 회사생활에 커다란 영향을 미칠 것이다.

윌리엄 장의 『일 잘하는 사람의 커뮤니케이션』에 보면 이런 이야기가 있다.

광고회사에 다니는 A 씨는 얼마 전 사장으로부터 큰 칭찬을 받았다. 입사한 지 얼마 지나지 않아 주목받지 못하던 그가 일약 촉망받는 직원이 된 것이다. A 씨는 귀찮고 피곤해서 대부분의 직원이 피하는 외근을 늘 나서서 도맡아 했었다. 만나는 사람 한 명 한 명에게 예의를 차리고, 대화를 나눌 때도 상대방을 우위에 두고 늘 상대방의 말에 집중했다. 그러던 중 사장이 거래처 기업과의 미팅에 참석했다가 A 씨에 대한 호평을 들었다. "어디서 그런 인재를 구했어?", "예의가 바르고 기본을 아는 사람이야." 사장은 자기 직원에 대한 칭찬에 기분이 좋아져 전 직원이 모인 자리에서 A 씨를 칭찬하며 치켜세웠다.

성과에 대한 인정이나 격려는 언제 하는 것이 좋은가? 가능한 즉각적으로 하는 게 좋다. 성과에 대한 기쁨이 충만해 있을 때 바로 보상을 해야 기쁨이 배가 되는 법이다. 이것은 당사자에게도 유익할 뿐 아니라, 다른 직원들에게도 동기부여가 된다. 포상금이든 휴가든 지금 당장 보상을 주는 것과 일주일이나 한 달 뒤에 주는 것은 분명 차이가 있다. 시기가 늦어지면 사람들의 머릿속에는 그 직원의 성과가 점점 사라지고 다른 것으로 대체된다. 그때 시행하는 보상은 즉각적인 시행보다는 효과가 많이 떨어진다. 이것은 무슨 일이 생겨서 못 받을 수도 있다는 부정적인 느낌을 줄 수 있다. 나아가 좋은 성과에 대한 보상은 늦게 나타나고 나쁜 일에 대한 처벌은 즉각 시행된다면, 그것은 정말 최악이다.

2009년 〈미국광고협회〉는 행동 변화를 통해 저축을 장려하는 공익광고를 시리즈로 제작했다. 그중에는 비싼 커피숍 대신에 집에서 커피를 마실 것과 점심도 사 먹기보다는 도시락을 먹는 걸 권장하는 내용이 들어 있다. 음식도 배달보다는 집에서 요리하는 것을 권장하고, 물도 생수를 사 먹는 것보다는 수돗물을 마실 것을 요구했다. 결과적으로 광고는 망했다고 한다. 왜냐하면 각각의 상황에 대한 보상이 1년 이상 아주 먼 미래에 주어지는 것이었기 때문이다. 따라서 보상은 지금 당장 받을 수 있는 것으로 확실히 주어져야 한다.

사람들은 대체로 인정과 칭찬에 약하다. 마음이 인색한 사람은 칭찬에도 인색하다. 나도 대체로 칭찬에 인색한 면이 많았다. 그것을 고치려고 했지만, 생각보다 쉽지 않았다. 때로는 업무 결과에 대한 질타로 부하직원의 마음을 상하게 한 적도 많았다. 앞만 보고 달려가다 보니 그만큼 마음의 여유가 없었던 것 같다. 상사가 마음의 여유가 없으면 부하직원의 생활은 즐겁지 않다. 업무에 대해 질책하는 것이 미안하기도 하고 안타까워서, 퇴근 후 회식을 통해 마음을 풀어주는 시간을 몇 차례 가졌다. 하지만 한 번 마음이 힘들어진 관계는 쉽게 회복되지 않았다. 당시엔 내 말 한마디가 부하직원의 마음에 비수가 되어 꽂히기도 했고, 또 나는 그런 부하직원과 같이 생활하는 것이 힘들었다. 서로 간에 마음 상하는 일도 많았다.

이것을 고치려고 그다음부터는 '부하직원이 행복해지는 부서를 만들겠다.'는 것을 목표로 생활했다. 업무에 지쳐있는 부하직원을 자연과 벗하게 하며 마음을 정화하는 시간도 수시로 갖고, 분기 단위로 1박 2일 워크숍을 통해 서로를 이해하는 시간을 많이 가졌다. 이런 활동을 통해 서로를 이해하니 점점 신뢰가 쌓여서 결국 그해 업무는 최고의 성과를 낼 수 있었다.

부하직원이 자기 일에 최선을 다해 좋은 성과를 거두게 하는 방법은 마음을 사로잡는 것이다. 칭찬과 인정은 사람의 마음을 사로잡는 비결이다. 부하직원들의 자존감을 높여주는 인정이나 칭찬 한마디가 그들의 헌신적인 열성으로 돌아오는 것을 나는 자주 체험했다.

위나라 '오기 장군'이 종기에 시달리는 병사의 다리에 입을 대고 고름을 빨아낸 일이 있었다. 나중에 이 이야기를 들은 병사의 어머니는 소리를 내며 울면서 말했다. "지난해 오기 장군께서는 우리 애 아버지의 고름을 빨아 주셨습니다. 그 후 애 아버지는 출전했는데 장군의 은혜에 보답하려고 끝까지 적과 싸우다 전사하고 말았습니다. 이제는 이 애도 전사를 면치 못하게 되었군요." 이 이야기는 상사가 부하의 힘든 마음을 얼마나 잘 헤아려주고 또 베풀어주느냐에 따라 부하의 행동이 달라진다는 것을 잘 보여주고 있다.

사람들은 칭찬을 먹고 자란다고 한다. 혹자는 "칭찬은 고래도 춤추게 한다."고 말한다. 중요한 업무를 수행할 때든 사소한 활동으로 부서에 도움을 주는 일이든, 그 일이 크든 작든 간에 상사가 인정해주는 한 마디는 힘든 일도 즐겁게 하는 원동력이 된다. 상사나 동료의 긍정적인 인정 한 마디 한마디가 회사를 즐거운 일터로 만들어 주고, 회사생활을 활기차게 만들어 준다. 특히 입사한 지 얼마 되지 않는 직원인 경우, 상사의 입장에서 보면 모든 것이 서툴고 마음에 들지 않을 것이다. 하지만 당사자 입장에서는 잘하고 싶은데 모르니 눈치 보이고, 열심히 하려고 해도 숙달되지 않으니 답답하고 긴장만 되는 것이다. 이럴 때 상사의 격려와 사소한 것이라도 잘한다고 인정해주는 칭찬 한마디는 그 직원으로 하여금 고마움을 느끼게 할 뿐만 아니라, 회사에 충성하게 하는 계기가 된다.

어느 회사 연수에서 선배 세일즈맨 둘이서 신입 세일즈맨을 놀려주려고 작정했다. 자신들이 한 번도 주식을 팔지 못한 화가를 소개하면서, 그 화가는 조금만 설득하면 쉽게 사 주는 사람이니 가서 주식을 팔아오라고 시킨 것이다. 얼마 뒤 신입 세일즈맨이 300만 원이나 팔았다고 미소를 띠며 들어왔다. 선배들은 어떻게 팔았는지 매우 궁금했다. 그는 화가를 찾아가 그림에 몰두해 있는 예술가를 보며, "제가 하는 일이나 이름 같은 건 신경 쓰지 마세요. 전 당신이 하고 있는 예술에 더 관심이 많습니다."라고 말했단다. 이 말을 들은 화가는 얼굴에 기쁨의 미소가 번지면서 그에게 무슨 일로 찾아왔는지 묻고, 주식을 사 주었다고 한다. 자기 일에 대한 긍정적인 인정 한 마디가 오랜 경험을 가진 능력자도 하지 못한 일을 해낸 것이다.

매일 출근하는 회사는 한 마디로 상사와 동료를 보러 오는 곳이다. 아무래도 자기를 인정해주는 상사가 좋은 법이다. 상사는 부하직원을 잘 받들어야 한다. 부하직원들의 성과가 자신의 성과와 직결되기 때문이다. 부하직원이 모르면 자신의 성과 달성을 위해서라도 자상하게 가르쳐야 한다. 비록 마음에 들지 않아도 인정해 주면서 잘하도록 이끄는 지혜가 필요하다. 못한다고 야단쳐본들 하루아침에 달라질 것도 아니기 때문이다. 부하직원 역시 상사의 마음을 알아주어야 한다. 상사들도 잘하고 싶고, 칭찬받고 싶고, 인정받고 싶어 한다. 따라서 상사들에게도 고마움을 표시하고 잘한 것을 칭찬해 주라. 상사도 그런 부하 직원에게 마음이 끌린다. 그래서 사람과의 관계는 '받고 주는' 것이 아니라 '주고받는' 것이다.

체력도 강력한 능력이다

● 회사에서 중요한 업무나 직위를 수행하여도 체력이 뒷받침되지 않으면 지속해서 직위를 유지하기 어렵다. 프로젝트를 수행하든 그 밖의 어떤 경우든 체력적으로 문제가 생기면 결국 물러날 수밖에 없다. 체력은 회사뿐 아니라 어떤 분야에서도 매우 중요한 요소이다. 체력이 강해야 무슨 일이든 적극적으로 수행할 수 있다. 체력관리는 결국 자기관리이다.

사람들은 나이가 들수록, 직위가 올라갈수록 건강관리에 더 신경을 쓴다. 많은 이들이 심폐운동이나 근력운동을 통해 매일 꾸준히 자기관리를 한다. 어떤 이들은 나이가 들었음에도 비즈니스를 위해 밤늦게 회식하고도 다음 날 거뜬하다. 신체나이조차 젊은이에 뒤지지 않는 사람들이 많다. 그리고 보면 젊은 사람일수록 체력관리를 적게 한다. 젊다는 사실만

믿는 것 같다. 하지만 몸이 힘들어지는 것은 순식간이다. 지금 괜찮다고 괜찮은 게 아니다. 체력은 젊을 때부터, 건강할 때부터 관심을 가지고 관리해야 한다. 건강은 다른 사람에게서 얻을 수 있는 것이 아니다. 천하를 얻어도 건강이 무너지면 아무 소용이 없는 것이다.

아담 J. 잭슨은 그의 저서 『내가 만난 1%의 사람들』에서 이렇게 말한다. "몸을 움직이면 우리의 정서가 변합니다. 운동을 하지 않으면, 근육이 점차 수축하여 몸이 허약해지고 뼈도 칼슘도 부족하게 되어 규칙적으로 운동하는 사람보다 빨리 죽을 확률이 2배나 되죠. 그리고 규칙적으로 운동하지 않는 사람이 훨씬 더 많은 우울과 근심, 정신적 피로를 겪을 뿐만 아니라 내성적이고 과민해지는 경향이 있다는 걸 사람들이 잘 모르고 있어요."

체력관리를 위해서는 우선 운동하는 시간을 정하고, 매일 꾸준히 하는 습관을 들여야 한다. 회사에서 특별히 체력관리 시간을 주지 않으면, 어떻게든 자기만의 시간을 만들어야 한다. 가능한 한 매일 정해진 시간에 규칙적으로 운동해야 한다. 여건을 만들기 어렵거나, 마음은 있되 실천이 잘 안 되는 사람이라면 피트니스 센터에 등록하라. 그리고 이왕 하려면 땀이 흠뻑 젖을 정도로 하는 것이 좋다. 그러면 땀과 함께 스트레스도 해소되고, 상쾌한 하루를 유지할 수 있다.

대부분의 군대에선 매일 한 시간씩 체력단련 시간이 주어진다. 군 생활하던 시절을 돌이켜보면, 그 시간은 나의 체력을 유지하고 관리할 수 있었던 매우 귀중한 시간이었다. 하지만 막상 시간을 주어도 어떤 사람들은 마지못해 참여한다. 그런 사람들은 사회에 진출해서야 비로소 그 시간이 얼마나 소중한 시간이었는지를 깨닫게 된다. 사람들은 대체로 바쁘다는 이유로 운동을 하지 않는다. 하지만 그 시간에 운동을 해도 안 해도 바쁜 것이 사라지지 않는다면, 일단 한 시간 운동을 하는 것이 좋다. 운동을 하고 상쾌한 기분으로 일을 하면 훨씬 더 효과적으로 업무를 수행할 수 있다. 나는 그 시간을 이용하여 몇 년 동안 일주일에 4~5일은 꾸준히 6~8km 달리기를 했다. 이렇게 땀을 흘리면 육체적인 상쾌함뿐만 아니라 정신적으로도 스트레스가 완전히 빠져나가, 하루를 즐겁게 마무리할 수 있다.

아무리 시간이 없다는 사람도 하루하루가 똑같지는 않을 것이다. 시간을 낼 수 있는 날이 있다면 그날만이라도 운동을 해야 한다. 사실은 시간이 없을수록 자신의 건강을 관리해야 한다. 시간이 없다는 것은 그만큼 육체적, 정신적으로 피곤하다는 것이다. 이것을 오랫동안 그대로 방치하면 결국 건강에 이상이 온다. 육체적으로 조금 피곤한 것은 쉬면 회복되지만, 정신적으로 피곤하거나 아예 건강에 이상이 생겨버리면 아무것도 할 수 없다. 그때는 누구를 탓할 수도 원망할 수도 없다. 모든 원인도 책임도 자신의 몫이다. 그러므로 건강할 때 어떤 방법으로든 건강을 지키고 체력을 유지해야 한다. 자신이 하고 싶은 일을 오랫동안 하면서 성과를 만들어 내고 싶다면 무엇보다 체력관리를 하라. 다 아는 말이라고 넘겨버리지 마라. 알면서도 하지 못하는 것이 더 큰 문제다.

더불어 건강검진도 정기적으로 받아야 한다. 함께 생활하던 30대 동료가 건강검진에서 암의 초기증상을 발견하여 치료한 경우를 보았다. 이 동료는 매우 운이 좋은 경우다. 하지만 대부분은 젊다고 정기적인 건강검진을 등한시한다. 그러다가 건강을 잃고 후회하는 사람들이 많다. 요즘은 100세 시대라 하는데, 자기의 건강을 점검하고 체력을 관리하지 못해서 젊은 나이에 뜻을 펼치지 못하는 사람들을 종종 본다. 정말 안타까운 일이다. 평소에 꾸준하게 건강관리와 체력관리를 하라. 그것만이 살길이다.

한때 "체력은 국력"이라는 말이 유행한 시기가 있었다. 물론 이것은 특정 시기만의 문제가 아니다. 국민이 건강해야 국가도 건강한 법이다. 기업에서도 주요 인사의 건강이 악화되면 주가와 관련 업계에도 크게 영향을 끼친다. 건강을 유지하지 못하면 어떤 꿈도 펼칠 수 없다. 아무리 권력과 돈이 있고, 잘 나가는 사람도 건강을 잃으면 모든 것을 뒤로하고 물러나야 한다. 건강이 나쁜 사람에게 무엇을 기대하고 맡길 수 있겠는가? 이것은 나이가 많고 적고의 문제가 아니다. 모든 사람들에게 똑같이 적용되는 문제다. 자기만의 건강관리 비결, 자기만의 스트레스 해소법을 가져야 한다. 어떤 운동을 하느냐는 개인의 선택이지만, 운동을 하는 것 자체는 선택이 아니다. 자신이 할 수 있는 운동을 택하여, 시간과 노력뿐 아니라 금전적인 투자까지라도 해서 꾸준히 해야 한다.

건강은 자랑할 것도 자신할 것도 못 된다. 건강을 잃으면 모든 상황이 달라지기 때문이다. 자기 몸 하나 제대로 관리하지 못하면서 어떻게 회사가 원하는 일을 할 수 있겠는가? 일과 체력, 꿈과 체력은 결코 다르지 않다. 계속 강조하지만, 무엇을 원하든 결국 건강과 체력이 뒷받침되어야 한다. 그렇지 않으면 아무것도 이룰 수 없다. 체력은 강한 능력이다. 특히, 장기간의 중요한 프로젝트나 꿈을 이룰 수 있는 중요한 일을 맡았을 때는 더욱더 체력관리를 해야 한다. 그런 일들은 단기적으로 끝나기보다는 장기적으로 지속할 때가 많다. 장기적으로 지속하면 체력소모가 많이 된다. 결국 체력이 뒷받침되지 않으면 꿈을 이룰 수 없다.

몇 년 전에 방영되었던, 직장인의 애환을 잘 보여준 드라마 〈미생〉에서는 체력관리와 관련하여 이런 말이 나온다. "네가 종종 후반에 무너지는 이유나 데미지를 입은 후 회복이 더딘 이유 그리고 실수한 후 복구가 늦은 이유는 모두 체력이 약하기 때문이다. 체력이 약하면 빨리 편안함을 찾게 되고 그러면 인내심이 떨어지고 그 피로감을 견디지 못하는 승부 따위는 상관없는 지경에 이르게 된다." 참 많이 공감되었던 말이다.

건강한 체력은 매우 큰 자산이다. 자신이 하고 싶은 일을 할 수 있도록 기본적인 바탕을 만들어 주기 때문이다. 앞에서도 말했지만, 천하를 얻어도 건강을 잃으면 모든 것이 소용없다. 흔히 회사생활을 하다 보면 잦은 회식이나 야근에 치여서 건강을 돌볼 시간이 없다고 말한다. 건강이 나빠진 이후에도 돌볼 시간이 없었다고 말한다. 하지만 이것은 정말 궁색한 변명일 뿐이다. 건강하게 생활하는 것도, 건강을 망가뜨리고 아픔 속에 살아가는 것도 결국은 자기 자신이기 때문이다. 평소에 건강을 유지하는 데에 시간과 돈을 투자하여, 자신의 꿈과 목표를 이룰 수 있는 튼튼한 기초를 만들어라.

명강사는 강의직전까지
원고를 수정한다

● 성공하고 싶다면 가장 간단한 방법이 있다. 자신이 원하는 성공을 이룬 사람, 닮고 싶은 사람을 롤 모델로 선정하여, 그 사람과 똑같은 습관을 지니고, 똑같이 생각하고, 똑같이 말하고 행동하고 노력하면 된다. 따라 하는 것은 가장 확실한 숙달 방법이다. 자신이 닮고 싶은 최상의 인물을 똑같이 따라 하는 것만으로도 성공의 절반은 보장된 것이다.

자기 분야에서 최고가 되고자 하는 사람은 실천을 중요하게 여긴다. 실천에 옮기지 않는다면 자신이 하고자 하는 꿈과 목표는 공허할 뿐이며 달성될 수가 없다. 실천하는 사람은 마지막 순간까지 업무나 해야 할 일을 점검하며, 사소한 것 하나라도 놓치지 않으려고 하거나 더 좋은 방법을 찾기 위해 최선을 다한다. 모든 사람이 최고가 될 수는 없지만, 최선을 다하는 것은 누구나 마음만 먹으면 할 수 있다. 이때, 최선을 다한다는 것은 자기가 아니라 다른 사람들이 평가하는 것이다. 자기 기준으로 보면 하루에 두세 시간 자는 사람도 최선을 다한다고 할 수 있고, 열댓 시간 자는 사람도 최선을 다한다고 할 수 있다. 물론 잠 자체가 절대기준이 되는 것은 아니지만, 이 경우 누가 더 최선을 다한 건지는 상식적으로 알 수 있다.

최선을 다하지 않은 결과에 대해 왕중추와 주신위에는 『퍼펙트워크』에서 이렇게 말한다. "일하는 과정에서 발생하는 대부분의 문제는 대수롭지 않은 사소한 일이라고 방심한 데서 터져 나온다. 퍼펙트워크는 무엇이든 100% 해내야만 '합격 도장'을 찍어준다. 전체에서 차지하는 비중이 1%에 불과한 실수나 오류라고 해도 100% 실패를 가져올 수 있기 때문이다. 100개의 제품 중에 불량품이 단 한 개라도 있다면 그동안 힘들게 지킨 시장을 잃을 수도 있다. 또한 직원 100명이 있다고 해도 누군가의 배신으로 해당 업체는 감당할 수 없는 심각한 타격을 입을 수 있다. 생산자가 미처 해내지 못한 1%는 소비자의 손에서 100% 불합격으로 변한다." 이 말은 100% 완벽하게 일을 처리하라는 말로 들린다. 하지만 사실은 최선을 다하라고 강조하는 말이다. 최선을 다하지 않으면, 즉 사소한 일이라고 방심하면 절대 완벽한 결과가 나오지 않기 때문이다.

『알면서도 알지 못하는 것들』에서 김승호는 "성공한 사람에 대한 평가 중에 운, 기회, 용기, 단호한 결정, 재능으로 불리는 모든 요소 뒤엔 끈기가 버티고 있음을 알아야 한다. 마지막 한 방, 모퉁이 끝, 기절 직전까지 자신을 몰아본 적이 있는가? 절대 느린 것을 염려하지 마라. 멈추는 것을 염려하라. 좋은 사람은 계속 성장한다."고 말했다. 사소한 일이라고 가볍게 볼 일은 없다. 커다란 강둑도 조그마한 구멍에서 무너지는 것이다. 끝까지 최선을 다해 좋은 성과를 내는 사람이 더 큰 일에도 성과를 낸다.

톰 피터스는 그의 저서 『리틀 빅씽』에서 이런 말을 했다. "몇 년 전부터 프레젠테이션을 중단했다. 대신에 스토리를 이야기한다. 강연시간 대부분을 스토리 전개, 구성, 서술에 초점을 맞춘다. 이 때문에 강연할 때는 파워포인트 자료를 하나의 스토리로 엮는다. 나를 강연에 초청한 주최 측에서는 강연에 앞서 내게 자료를 요청한다. 하지만 나는 그렇게 하지 않는다. 마지막 순간까지 파워포인트 자료의 구성, 흐름, 리듬, 스토리 소재를 계속 다듬는 시간을 가진다. 이것은 내가 무대에 오르기 전까지 계속된다. 강연 직전 마지막 순간까지 나는 100번도 넘게 원고를 수정한다. 멋진 강연 스토리를 만들어 내기 위해서이다."

어느 피아니스트는 "하루를 연습하지 않으면 자신이 알고, 이틀을 연습하지 않으면 비평가들이 알고, 삼일을 연습하지 않으면 청중이 안다."고 했다. 프로는 절대적인 기준에 도전하는 반면, 아마추어는 그저 상대와의 격차를 조금 벌려도 만족한다. 철저히 준비하고 마지막 순간까지 노력하는 것이 진정한 명강사요, 프로의 정신이라 할 수 있다.

당신이 최선을 다하지 않는다면 의식적이든 무의식적이든 당신이 최선을 다해 집중할 마음이나 여건을 스스로 **빼앗고** 있는 것이다. 이런 면에서 우리는 먼저 자신을 살펴야 한다. 집중하고 최선을 다하는 것도 습관이 되어야 한다. 집중을 습관화하려면 시간을 정해놓고 그것을 지키는 연습을 해야 한다. 처음에는 30분만 정해서 집중해보라. 그리고 성공하면 시간을 조금씩 늘려라. 만약 혼자 조용히 집중할 수 있는 상황이 만들어진다면 몇 시간이라도 최대한 집중해보라. 그렇게 매일 이루어가라. 하루에 몇 시간이든 집중이 된다면 이제 습관이 되는 것이다.

효과적인 방법을 하나 제시해보겠다. '3-3-7-21-66 법칙'이라는 것인데, 이것은 매일 일정한 시간을 정해놓고 그 실행하는 날을 점점 늘려나가는 것이다. 먼저, 같은 시간대에 같은 시간의 양(예를 들면, 2시간)을 정해 3일간 집중한다. 첫 3일을 성공하면 시간의 양을 조금 늘려 두 번째 3일을 시행한다. 같은 방법으로 이번에는 7일에 도전하고, 성공하면 21일로 늘린다. 그다음엔 66일 동안 같은 시간을 집중한다. 이렇게 하면 총 100일 동안 시간을 늘려가며 집중을 실행한 것이 된다. 100일이면 충분히 습관이 되고도 남을 것이다. 아직도 습관이 되지 않았다면 다시 100일을 채운다.

여기서 중요한 게 있다. 만약 어느 시점이든 중간에 하루라도 진행하지 못한 날이 있다면 처음부터 다시 시작해야 한다. 물론 쉬운 일은 아니다. 100일간 목표를 잡고 매일 시행해보니, 이 숫자들이 왜 그렇게 구성되었는지 이해할 수 있었다. 매일 꾸준히 시행하다가도 정해진 일자를 변경하는 시점 근처가 되면 정말이지 포기하고 싶어지는 걸 수차례 느꼈다. 66일간 진행하는 단계에 와서는 중간, 아니 마지막 시점까지 포기하고 싶은 유혹을 늘 받았다. 하지만 이것을 극복하고 마침내 끝내고 나니, 강한 자부심과 더불어 매일 해나갈 수 있는 습관의 힘이 길러진 것을 확실히 느낄 수 있었다.

『백만 불짜리 습관』에서 브라이언 트레이시는 이렇게 말한다. "당신이 생각하고 느끼고 행동하고 성취하는 모든 것의 95%는 습관의 결과다. 성공하는 삶은 성공하는 습관을 지니고 있고, 실패하는 삶은 실패하는 습관을 지니고 있다. 성공한 사람, 행복하고 건강한 성인은 딱 맞는 때에, 딱 맞는 방법으로, 딱 맞는 일을 쉽고도 자동적으로 하는 사람이다. 그 결과로 아직 이런 습관을 배우지도 행하지도 못하는 사람보다 10배, 20배의 성공을 거둔다."

최선을 다하는 사람은 지금 이 순간에 하는 것을 중요하게 생각한다. 현재든 미래든, 무엇인가를 할 수 있는 것은 바로 '지금 이 순간'이기 때문이다. 명강사가 강의 직전까지 원고를 수정하는 것도 바로 직전 그 순간까지의 최선이다. 『위대한 상인의 비밀』에서 오그 만디노는 이렇게 말한다. "나는 내일까지 기다릴 이유가 없다. 사자는 굶주리면 사냥을 한다. 독수리도 목이 마르면 물을 마신다. 그들이 행동하지 않는다면 아마 곧 죽을 것이다. 나는 성공에 굶주려 있다. 행복과 마음의 평화에 목말라 있다. 내가 행동하지 않는다면 아마도 나는 실패와 불행 그리고 마음의 고통으로 죽게 되리라. 나는 스스로에게 명령하고 그 명령에 복종할 것이다. 이제 나는 실천하리라. 성공은 기다려 주지 않는다. 내가 실행을 미룬다면 성공은 곧바로 다른 사람에게 넘어가고 나로부터 영영 떠나갈 것이다. 지금이 바로 그 때이다. 여기가 바로 그 자리이다. 내가 바로 그 사람이다. 이제 나는 실천하리라."

어떠한 어려움도 사전에 주도적으로 준비하면 줄일 수 있다. 반면 아무리 사소한 것이라도 한순간 소홀히 하면 모든 것을 무너뜨릴 수 있다. 청중에게 조금이라도 더 나은 강연을 하기 위해 강의 직전까지 자료를 보완하는 명강사같이 자신의 분야에서 끝까지 최선을 다해야 한다. 실천이 마음처럼 쉽게 되지 않는다면, '3-3-7-21-66 법칙'을 직접 적용하여 스스로 습관을 만들어 보라. 아무리 좋은 것도 현재의 시점에서 일단 시작해야 이룰 수 있는 것이다. 최고가 되겠다는 각오와 실천, 완벽함을 추구하는 업무태도, 그리고 지금 이 순간 집중적으로 노력하는 습관, 이것이야말로 직장에서 원하는 꿈과 목표를 이루면서 오랫동안 회사생활을 하는 중요한 열쇠인 것이다.

열정 능력자 P.260

● 열정 능력자는 도전을 멈추지 않는다. 끊임없이 연구하고 자기계발을 하며 하고 싶은 일을 즐겁게 하거나 도전한다. 심지어 위험하거나 자신을 헌신해야 하는 상황에서도 하고 싶은 일은 한다. 성공과 가치 있는 일을 향해 기꺼이 자신을 던질 줄 아는 것이다.

열정 능력자는 불필요한 낭비를 없애기 위해 일의 본질과 핵심에 집중한다. 이들은 여러 가지 일을 동시에 추진하기보다는 하나의 일에 모든 것을 집중하고 몰입하여 일하며, 목표 중심적이다. 책을 읽다 보면 중요한 내용이나 핵심은 서두보다 결론에 있는 경우가 많다. 그래서 핵심에 집중하는 사람들은 앞에서부터 읽기보다 중요한 부분, 즉 핵심부터 먼저 본다. 책 한 권에 있는 모든 내용이 다 내게 필요한 것은 아니다. 그보다는 내가 얻어갈 것이 있는 한 단어, 한 문장을 찾는 것이 중요하다. 그것이 바로 그 책의 핵심이고, 내가 배워야 할 내용이다. 하지만 내게 필요한 한 단어나 한 문장이 없는 책이라도 얻을 것은 있다. '배울 게 없다'는 사실이라도 얻는 것이다. 따라서 열정 능력자에게는 세상에 배움이 아닌 것이 없다. 자기에게 필요한 핵심을 누구보다도 잘 얻어간다. 다만 얼마나 소화하고 자기의 것으로 활용하느냐 하는 차이가 있을 뿐이다.

『The One Thing』에서 게리 켈러는 이렇게 말한다. "원하는 일이 어떤 것이든 최고의 성공을 원한다면 접근방법은 늘 같은 방식이어야 한다. 핵심으로 파고들어야 한다. '파고든다는 것'은 곧 자신이 할 수 있는 다른 모든 것을 무시하고 반드시 해야만 하는 일에만 집중하는 것을 뜻한다. (중략) 탁월한 성과는 당신의 초점^{focus}을 얼마나 좁힐 수 있느냐와 연결되어 있다. (중략) 우리에게 주어진 시간과 에너지는 한정되어 있다. 그것을 너무 넓게 펼치려 애쓰다 보면 노력은 종잇장처럼 얇아진다." 너무 많은 일을 하면서 아무것도 줄이려 하지 않는다면, 그는 결국 많은 것을 잃게 될 것이다.

한 인디언 장로가 손자에게 모든 사람의 마음속에서 벌어지는 다툼에 대해 들려주었다.

"아이야, 그 싸움은 우리 마음속에 있는 두 마리 늑대 사이에서 벌어진단다. 하나는 '두려움'이지. 그놈은 불안과 걱정, 불확실성, 머뭇거림, 주저함 그리고 대책 없음을 가지고 다닌단다. 다른 늑대는 '믿음'이라고 하는데, 그 늑대는 차분함과 확신, 자신감, 열정, 단호함, 흥분, 그리고 행동을 불러 온단다."

그 말을 들은 손자가 잠시 생각하더니 쑥스러운 듯 할아버지에게 물었다.

"그럼 둘 중에서 어느 늑대가 이겨요?"

그러자 할아버지가 대답했다.

"바로 네가 먹이를 주는 늑대란다."

남다른 성과로 가기 위해서는 무엇보다도 믿음이 있어야 한다. 어떠한 믿음인가? 자신의 목적의식과 우선순위에 대한 믿음이다. 그것이 있어야만 비로소 단 하나를 추구할 수 있다. 그리고 그 단 하나에 대한 확신이 들어야 망설임 없이 행동으로 이어지고, 행동함으로써 '후회'할 일을 피하게 된다.

미국의 사상가이자 시인인 에머슨은 "자신감을 잃으면 온 세상이 적이된다."고 했다. 이처럼 삶은 희망과 절망, 두려움과 믿음의 싸움이다.

회사에서 자신을 적극적으로 인정하고 지지해 주며, 열정적인 인식과 에너지가 통하는 상사와 근무하는 것은 큰 복이다. 육군본부에서 실무자로 근무할 때 몇 건의 사업을 추진한 바 있다. 일하는 방식의 변화를 가져오는 등 새로운 방향성을 제시하는 사업, 즉 일종의 혁신업무였는데, 이 일을 통해서 알게 된 사실이 있다. 열정이 많은 사람은 어쩌면 일 중독자이며, 자신이 하는 일에 대한 애착과 카리스마가 강하다. 스스로 가습 설레는 목표를 추구하면서 일을 만들어 내며, 그것을 지속해서 추진할 체력관리를 한다. 하지만 승진이나 결과에 대한 보상을 좇아가지는 않는다. 보상이란 끝나고 나면 자연스럽게 따라오는 것일 뿐이다.

그 사업 중 하나가 '블루오션 전략 컨설팅'이다. 이 사업은 민간 기업과 함께 추진되었는데, 육군본부의 주요부서 중 하나를 외부의 민간 기업을 통해 진단하고 컨설팅한다는 것 자체가 흔한 일이 아니었다. 당시 담당자였던 나는 블루오션 전략을 통해 영관 장교뿐 아니라 일부 장군들, 즉 가능하면 많은 고급 장교들이 교육을 받게 하여, 실질적인 성과가 나타나게 하고 싶었다.

이에 직속 상사와 함께 논의하며, 주요부서에 대한 블루오션 전략 컨설팅을 통해 직접적인 변화의 방향을 각 부서가 스스로 찾도록 하자는 데 의견을 모았다. 하지만 대상 부서를 선정하려고 해도 선뜻 응하는 부서가 없었다. 민간 기업이 육군본부에 와서 직접 진단하고 컨설팅을 한 예가 없었기 때문이다. 다행히 당시 육군수사단장이 헌병의 변화가 필요하다고 적극적으로 수용해 주어 컨설팅을 진행할 수 있었지만, 문제는 예산이었다. 국방부의 한 부서에서 예산을 지원하기로 약속했으나, 그 부서의 팀장이 바뀌고 나서 그 예산이 다른 곳으로 급히 사용되어버린 것이다.

다음날부터 그 부서를 수차례 방문하여 지원을 약속한 이후의 상황과 필요성을 설명하였다. 나 혼자로는 역부족이어서 직속 상사와 함께 방문하여 또 설득했으나, 그 부서의 팀장은 예산이 없다는 말만 반복했다. 내 직속 상사는 가만히 듣고 있더니, "국방부에서 예산을 주겠다고 하여 추진하던 일입니다. 그런데 갑자기 문제가 생겨 못 주겠다 하면 어떻게 합니까? 담당 장교가 처벌받고 옷을 벗어야 할 수도 있습니다. 이렇게 군을 위해 헌신하는 담당자를 전역시켜야 하겠습니까?"라고 말했다. 순간 가슴이 울컥하고 목이 메어 왔다. 부하를 진정으로 위하는 것이 뭔지도 크게 다가왔다.

직속 상사의 말에서 진정성을 느꼈는지, 다행히 담당 팀장이 조금씩 움직여 주었다. 원안대로는 줄 수 없지만, 자기들의 예산을 쪼개서 어느 정도는 지원하겠다고 약속했다. 컨설팅을 담당하는 민간 기업도 그간의 사정을 어느 정도 알고 있었기에 양해해 주었다. 결국 국방부에서 지원하는 예산 범위 내에서 사업은 정상적으로 추진되었다. 직속 상사와 함께 KTX로 내려오면서 많은 대화를 했다. 특히 '열정과 대의명분, 불굴의 정신'에 대해 이야기를 하면서 그간의 마음고생을 덜어낼 수 있었다.

나는 이 일의 담당자로서, 시켜서 하기보다는 스스로 찾고 만들어서 추진하였다. 그렇게 새로운 일들을 많이 만들어서 추진하였다. 그러다 보니 난관에도 많이 부딪혔지만, 성공적으로 해내야 한다는 책임감과 더불어 어떤 어려움이 있어도 해낼 수 있다는 자신감이 더욱 커졌다. 무엇보다 나만의 업무 프로세스가 생성되었기에 전혀 문제 될 것이 없었다. 만약 시켜서 어쩔 수 없이 한 것이라면, 예산을 확보하기도 전에 아예 시작하지도 않았을 것이다. 진행하다가도 예산지원이 그치면 그냥 보고하고 중단해버렸을 것이다. 하지만 나에게는 꼭 해내야 하는 일이었기에, 많은 어려움을 겪었지만 결국 해내고 말았다.

미국의 심리학자 윌리엄 제임스는 "어떤 사람은 이왕 살 바에는 한 시간이라도 좀 더 알차게 보내려고 위험을 감수한다. 결과가 불확실할 때도 믿음이 충만하면 원하는 결과를 얻을 수 있다."고 말했다. 또한『허클베리 핀의 모험』을 쓴 마크 트웨인은 "앞으로 20년 뒤 당신은 한 일보다 하지 않은 일을 후회하게 될 것이다. 그러니 배를 묶은 밧줄을 풀어라. 안전한 부두를 떠나 항해하라. 무역풍을 타라. 탐험하고, 꿈꾸고, 발견하라."고 말하며, 가치 있는 삶을 살라고 조언한다.

부서의 중요한 일이나 새로운 프로젝트를 추진할 때 어떤 직원이 일을 하는지는 매우 중요하다. 일의 핵심을 알고 집중하며, 그 일이 갖는 목표를 향해 망설임 없이 추진하며, 가치 있는 일은 힘들어도 혼신의 노력과 때로는 자신을 던져서라도 성공적으로 추진한다. 무엇보다 새로운 일을 향해 모험을 즐길 줄 알아야 한다. 열정이 식으면 꿈도 미래도 사라진다. 당신의 가슴을 열정으로 뜨겁게 하라. 그리고 회사를 위해, 나의 꿈을 향해 더욱 분발하라.

"열정은 당신의 강력한 능력이다."

절박하게 만드는 것도
능력이다

● 당나라 시인 이백은 젊은 시절 훌륭한 스승을 찾아 입산하여 공부했다. 그러나 중도에 그만 싫증이 나서 아무 말 없이 산에서 내려왔다. 계곡의 어느 시냇가에 이르렀을 때 그는 한 노파를 보았다. 노파는 바위 위에다 열심히 도끼를 갈고 있었다. 이백이 노파에게 물었다.

"지금 뭘 하고 계신 건가요?"

"도끼를 갈아서 바늘로 만들려고 하네."

"아니 도끼를 갈아서 바늘이 되겠습니까?"

"중도에 그만두지만 않는다면 될 수 있지."

이 말을 들은 이백은 크게 깨달은 바가 있어, 다시 산으로 올라가 공부를 계속했다고 한다.

원하는 일을 성취하는 사람은 어떤 특징이 있을까? 강력한 열정과 욕망, 집요함, 간절함, 절박감 등 여러 가지가 있을 것이다. 이백처럼 중도에 싫증을 내고 포기하는 것은 '그것이 아니면 안 된다'는 절박함이 부족하기 때문이다. 어떤 일을 오랫동안 하게 만드는 힘은 반드시 해내야 한다는 '절박함'이다. 그것은 꼭 이루고 싶다는 '간절함'이기도 하다.

이것과 유사하게, 군대에서는 "상관은 죽을 수 있는 명령을 내려도, 부하는 살 수 있다는 간절한 희망으로 복종한다."는 말을 한다. 죽음이 눈앞에 있는 명령을 따를 수 있는 건 살아날 수 있다는 희망, 절박하게 살고 싶다는 의지가 있기 때문이다.

절박한 순간엔 뒤돌아보거나 망설일 수가 없다. 그것은 매우 중요하고 다급한 순간이며, 일의 추진을 위하여 어떤 결단을 내려야 하는 절체절명의 중요한 순간이다. 자신이 한계에 내몰려도 반드시 뛰어넘어야 한다. 모든 것을 다 바쳐서라도 반드시 이루어 내야 하는 간절함이 있어야 한다. 모든 것을 걸고서라도 목표를 위해 최선을 다해야 한다. 옛말에 "절박한 사람이 우물을 판다."고 했다. 직장에서 꿈을 이루는 것도 마찬가지다. 똑같은 조건과 상황이라도, 목숨을 거는 절박함이 있느냐 없느냐에 따라 일의 성패가 갈린다.

나는 공업고등학교에 다니면서 집안 형편도 그리 넉넉하지 않아 대학을 진학하겠다는 마음이 없었다. 하지만 고등학교 3학년 1학기 이후 주변의 많은 권면이 있었고 나 또한 대학에 가고 싶은 마음이 들어, 3개월 동안 하루에 2시간씩 자면서 공부했다. 당시 장교가 되고 싶다는 목표가 있었는데, 대학에 가야 장교가 될 수 있다는 말에 절박한 마음으로 준비하여 원하는 대학에 들어갔다. 직장에서는 보통 승진 기회가 3번 주어지는데, 공교롭게도 나에게는 늘 1차보다는 3차에 기회가 왔다. 그러다 보니 '마지막 한 번'이라는 절박함과 간절함으로 노력할 수밖에 없었다. 그러한 상황에서 원하는 직위까지 승진했다는 것이 참 감사할 따름이다.

석사, 박사 과정도 마찬가지였다. 승진한 직후나, 승진에 크게 부담 없는 시기에 입학해야 했기 때문에 나는 항상 막차를 탔었다. 그러다 보니 정해진 시간 내에 끝내야 한다는 생각에 늘 절박했던 것 같다. 이러한 절박감이 항상 좋은 것만은 아니겠지만, 어쨌든 그것이 없었다면 나는 승진이든 학업이든 원하는 것을 이루지 못했을 것이다. 시간이 많은 사람이 책을 보는 게 아니라, 절박한 사람이 책을 본다고 한다. 현재 상황이 너무나 절박하기 때문에 없는 시간을 쪼개고 쪼개서라도 손에서 책을 놓지 않으려는 것이다. 그러므로 평소에 자기 손에 책이 들려져 있지 않다면, 그는 지금 절박하지 않은 것으로 생각하면 된다. 스스로 발전하기 위해서는 자신이 하는 일에 반드시 의미를 부여하고, 그것을 특정 시기까지 완수해야 한다는 절박감을 가져야 한다.

절박감을 느끼는 것에는 두 가지 방법이 있다. 하나는 스스로 절박하게 만드는 것이다. 중요한 일에 기간과 목표를 정하고 그것을 매일 체크하면서, 제시간까지 완료하지 않으면 생길 수 있는 문제점을 늘 염두에 둔다. 그렇게 일을 추진하다 보면 나태함을 가질 수 없다. 특히, 자신이 그 일을 잘못하여 회사에 큰 문제를 야기한다든지 손실을 입히는 상황이 발생할 수 있다면, 더욱 꼼꼼하게 점검하고 하나하나 체크해야 한다. 단기간의 일이든, 중기나 장기간의 일이든 마찬가지다. 특히 장기간의 일일수록 더욱 절박감을 만들어나가야 스스로 지치지 않고 끝까지 유지해나갈 수 있다.

또 하나는 상사가 절박감을 부여하는 것이다. 자기 스스로 절박감을 가지고 자발적으로 일을 추진하지 못하는 사람들은 부득이 상급자가 나서서, 원하는 시기까지 완수하게 할 수밖에 없다. 이런 경우에는 자신이 열심히 한다 해도 상사 입장에서는 방향을 잘못 잡는 것으로 보일 수 있고, 또 상사가 원하는 것을 충족시키지 못하는 것으로 보일 수 있다는 것을 알아야 한다.

팀 페리스는 『지금 하지 않으면 언제 하겠는가』에서 오너의 입장을 이렇게 표현한다. '뛰어난 능력'을 가진 사람이 아니라 '절박한 마음'을 가진 사람이야말로 스타트업이 영입해야 할 '으뜸 인재'이다." 팀 페리스에 따르면, 뛰어난 창업자는 직원들을 자기 수준의 '절박함'으로 끌어올릴 줄 아는 사람이다. 없는 인재를 영입하는 것보다 있는 인재를 훈련하는 게 낫다는 말이다.

회사에서 쉽게 이직을 결정하는 사람은 지금 보이는 능력이 어느 정도의 수준까지는 우수하게 보일지 몰라도, 뛰어난 인재로 살아남기는 어렵다. 뛰어난 능력을 인정받아서 다른 곳으로 스카우트 된다고 하더라도, 지금 가진 능력은 그곳에서 얼마 가지 못한다. 아무리 뛰어난 능력을 갖춰도 직속 상사보다 뛰어나다고 말하기는 어렵다. 왜냐하면 직속 상사의 통제를 받아야 하기 때문이다. 그는 또다시 새로운 능력을 키워야 한다. 따라서 지금 있는 곳에서 꿈과 목표, 절박감을 가지고 생활하는 것이 좋다. 회사는 그런 사람이 더욱 필요하다.

　흔히 "배수의 진"이라는 말을 한다. 어쩔 수 없는 상황에서 피할 수 없이 승부를 겨뤄야 한다면 달아날 방법조차 없도록 배수의 진을 쳐야 한다. 이게 바로 절박함이다. 달아날 구멍조차 없애버린 배수의 진은 모든 능력을 다하게 만들어 초인적인 힘을 솟구치게 해준다. 성공과 실패는 어쩌면 자신이 하는 일에 대한 간절함과 절박함이 얼마나 많고 적은지의 차이라 할 수 있다. 진정으로 간절히 바라는 마음, 즉 절박함을 가지고 매사에 업무를 맞이하고 추진한다면 그 사람의 성과는 분명 남들과 다를 것이다. 여유 있게 하는 것도 능력이지만, 절박하게 만들어서 해나가는 것도 강력한 능력이다. 일이 성공적으로 이루어지는 길을 미리 알고 하는 것이기 때문이다.

　원하는 목표는 쉽게 얻어지는 것이 아니다. 자신이 할 수 있는 모든 것을 다하고, 그것이 이루어지도록 절박하게 바라는 간절함이 있어야 한다. 옛말에, 절박한 사람이 우물 판다고 했다. 절박한 사람은 남들이 하지 못 하는 일도, 하지 않는 일도 꿈을 위해, 목표를 위해 최선을 다한다. 마음이 나약해진다면 그 일에 대한 의미를 부여하고, 그것이 이루어지지 않았을 때 닥치게 될 어려운 상황들을 생각하라. 그런 상황에서도 반드시 이루어내고야 말겠다는 각오로 모든 역량을 다하여 절박한 심정으로 추진하는 사람만이 큰 뜻을 이룰 수 있는 것이다.

10년은 버텨야
전문가가 된다

● 어떤 일이든 지속하는 힘이 중요하다. 어려움이 닥쳐도 스스로 극복하면서 꾸준히 해내는 사람이 있는 반면, 조금만 힘들어도 극복하지 못하는 사람이 있다. 세상의 어려운 일 중 하나가 "남의 주머니에 있는 돈을 내 것으로 만드는 것"이라고 한다. 회사생활이 바로 그렇다. 그래서 기본적으로 어려울 수밖에 없다. 대부분의 사람들은 이런 어려움을 가지고 있으면서도 극복하며 생활한다. 당신은 어떤 모습으로 생활하고 있는가?

2017년 고용노동부의 〈고용 형태별 근로 실태조사〉 자료에 따르면, 2008년부터 2017년까지 우리나라 5인 이상 기업의 '근로자 평균근속년수'는 최저 5.9년부터 최고 6.4년으로 발표되었다. 즉, 6년 내외인 것이다. 2016년 3월 채용정보 검색엔진 〈잡서치〉가 직장인 644명을 대상으로 '기업문화와 직장생활'에 대한 설문 조사를 했는데, 직장인들에게 퇴사 생각이 들게 하는 가장 큰 요인으로 '기업문화'를 꼽았다. 이 조사에서 직장인 54%가 "기업문화로 이직이나 퇴사를 결정하게 된다."고 답했으며, 세 명 중 한 명꼴인 28.5%는 "퇴사 결정의 70% 이상의 요인이 기업문화"라고 답했다. 그리고 기업문화와 맞지 않아 퇴사하는 사람 중 상당수는 불합리한 평가를 퇴사 이유로 꼽았다. 업무 능력에 따라 평가받는 게 아니라, 내부 정치 능력으로 평가받는다는 것이다.

이 자료에 따르면, 우리나라 기업의 절반 이상에는 '기업문화'로 인해 퇴사를 고려하는 사람이 많이 있다. 그러면 기업문화라는 것이 한 직장에서 다른 직장으로 옮기면 좋아지고, 문제가 사라지는 것일까? 결코 그렇지 않다. 오히려 한 곳의 기업문화에 견디지 못하면, 다른 곳에 가서도 견디기 어렵다. 퇴직과 이직을 자주 하는 사람은 조건을 가지고 직장을 구하려고 행동하기 때문에 자기 분야의 전문성을 가지기 어렵다. 남들보다 좀 더 나은 능력이 있다고 해도, 새로운 직장에서 그 능력만으로 생활한다는 것은 매우 어려운 일이다.

『회사가 붙잡는 사람들의 1% 비밀』에서 신현만은, 직장인들은 평균 3~5년에 한 번씩, 평생 5~6회에 걸쳐 직장을 옮기고 있다고 말한다. 몇 손가락 안에 꼽히는 회사에서도 신입사원의 절반가량은 3년 이내에 회사를 떠나는 것이 일반적이다. 심지어 샐러리맨들 사이에서는 이직이 능력의 척도로 여겨지기까지 한다. 유능한 인재라면 어느 정도 일을 배운 뒤 더 많은 연봉, 더 높은 직급 등 좋은 대우를 보장받으며 다른 회사에 스카우트되는 것이 마땅하다는 인식이 광범위하게 퍼져 있다. 물론 이직 사유가 꼭 이렇게 배부른 것만은 아니다. 때로는 불가피하게 이직하는 경우도 있다. 도저히 적성에 맞지 않거나, 회사가 전망이 없거나, 근무환경이 너무나 열악하거나, 심지어 출퇴근길이 너무 멀어서 이직할 수도 있다. 하지만 신중해야 한다. 어떤 기업은 세 번이 넘으면 받아주지도 않는다.

회사 입장에서도 고민이 많다. 그동안 직원들의 능력 향상을 위해 얼마나 큰 노력을 기울였는가? 그들의 공백에 따라 추진하고 있던 일도 단절된다. 그 직원을 통해 기술이 유출될 수도 있다. 회사로서는 크나큰 손해가 아닐 수 없다. 따라서 국가든 회사든 오랫동안 충성스럽게 근무할 직원을 원하는 게 당연하다.

그렇다면 인식을 바꿔야 한다. 앞에서 본 것처럼, 이직은 소수 특정 기업에서만 일어나는 일이 아니다. 대부분의 기업에서 이직이 이루어지고 있다. 그들은 '좋은 직장'을 찾아 이직한다고 말한다. 도대체 어떤 직장이 좋은 직장인가? 대기업이나 연봉을 많이 주는 곳이 좋은 직장인가? 바로 그 인식을 바꿔야 한다. 돈을 얼마나 주느냐 보다 어떤 기업문화를 가지고 있느냐가 중요하다. 그곳에서 근무하는 사람들은 어떤 가치를 가지고 있으며, 동료들과는 어떤 관계를 유지하고 있느냐 하는 것들이 중요한 것이다.

옛말에 "10년이면 강산도 변한다."고 했다. 10년이 뭔가? 요즘엔 너무나 빨리 변하고 있다. 그래도 한 직장에서 10년 이상은 근무하는 게 좋다. 그래야 어떤 기업문화에도 적응할 수 있는 육체적, 정신적인 능력과 함께 한 분야의 전문성도 키울 수 있다. 힘들다고 이직을 생각하기보다는 자기계발을 통하여 전문성을 갖추는 것이 우선이다. 자기만의 전문적인 지식을 쌓지도 않고 힘들다고 직장만 여기저기 옮겨 다닌다면, 그는 자기 꿈에서 점점 멀어져갈 것이다. 분명 직장에는 힘든 사람들이 있다. 하지만 어려운 기업문화를 극복하고 불편한 관계를 좋게 개선하는 것도 중요한 능력이다. 그러므로 어려운 환경을 극복하고 자기만의 전문성을 갖춰라. 그러면 쉽고 부드럽게 일하며 여유롭게 생활할 수 있다.

배우이자 영화감독인 아이샤 타일러는 작가 잭 캔필드의 책에서 귀중한 메시지를 발견했다고 한다.

"당신이 원하는 것은 두려움의 반대편에 있다."

"그곳을 향해 용감하게 가라."

"우리가 목표를 이루는 데 실패하는 것은 용기가 부족하거나 용기를 잃어서가 아니라 용감하다는 사실을 잊어버렸기 때문이다."

그렇다. 회사에서 당신이 이루려는 꿈과 목표가 무엇인지 항상 생각해야 한다. 기업문화가 힘들다고 그것이 꿈과 목표를 이루는 것보다 견디기 어려운가? 그렇지 않다면 당신의 나약한 생각과 행동을 먼저 바꿔라. 이루고자 하는 목표가 구체적이고 간절하다면 대인관계가 힘든 것쯤은 얼마든지 극복할 수 있다. 꿈과 미래를 생각한다면 목표에 초점을 맞추고 열정을 품어라. 그러면 기업문화가 힘들다는 말은 사라질 것이다. 지금의 직장이 힘들다고 다른 직장으로 옮겨본들, 힘든 것은 마찬가지다. 어차피 직장생활 자체를 벗어나는 것이 아니라면, 혹은 상상할 수 없는 조건으로 스카우트 되는 것이 아니라면, 현재의 직장에서 꿈과 목표를 이루는 것이 훨씬 유리하다. 한 우물을 파면 물이 나올 수 있도록 깊게 팔 수 있지만, 이곳저곳 옮기면서 파면 힘만 들 뿐 물을 얻지 못한다.

직장생활이 힘들다고 하는 가장 큰 이유는 사람과의 관계 때문이다. 그중에서도 가장 많은 시간을 함께 보내고 영향력이 가장 큰 직속 상사와 불편하게 지낸다면, 회사생활은 정말 고통스러워질 것이다. 하지만 상사나 동료와의 불편한 관계 때문에 이직을 생각한다면 멈춰라. 그리고 그들에 맞춰줘라. 이런 대인관계의 문제는 직장이 아니라 어느 곳에 가도 있다. 지금 같이 있는 상사와 잘 지내야 직장생활도 즐겁고 내 꿈도 이뤄질 수 있다. 자세히 보면, 업무적으로 불편한 말을 한다고 모든 면에서 나를 힘들게 하는 것은 아니다. 관계는 그렇지 않을 수도 있다. 업무상으로는 힘들게 해도 업무를 벗어나면 더없이 좋은 상사일 수도 있는 것이다. 물론 내게 호의 좀 보인다고 완전히 내 편이라고 착각하면 안 된다. 그럼에도 불구하고 그 상사에 맞춰줘야 한다. 목숨 걸고 챙겨주는 상사가 없어도 목숨 바칠 각오로 생활해야 하며, 나로 인해 상사를 빛나게 하는 부하직원이 되어야 한다. 그래야 내가 즐겁게 오래도록 근무할 수 있기 때문이다.

자신이 회사의 CEO라고 생각해 보라. 그러면 주인 같은 마음으로 오래도록 회사에 충성을 다하며, 뼈를 묻겠다는 각오로 생활하는 직원을 아낄 것이다. 철새처럼 이직을 반복하는 직원에게 좋은 여건을 만들어줄 회사는 많지 않다. 회사가 좋은 상황일 때뿐만 아니라 힘들 때도 함께할 수 있는 직원이 고마운 법이다. 그러므로 자기만의 전문성을 길러라. 그러려면 최소한 10년은 견뎌봐야 한다. 그래야 기업의 문화도 알고, 좋은 면과 불편한 면도 스스로 견딜 수 있는 능력을 키울 수 있다.

• FACT 6 •

집중集中

나는 더 이상
일에 끌려 다니지 않겠다

어떤 일을 시작할 때 '안 된다'는 이유는 수없이 찾을 수 있다.
하지만 회사는 안 된다는 사람들의 이야기를 듣고
포기하기 위해 그 일을 시작한 것이 아니다.
아무리 위험하고 어려우며, 가능성조차 희박한 일임에도 하려고 하는 것은
그 일이 회사에 꼭 필요한 일이기 때문이다.

주도적으로 일하고
빨리 끝내버려라

● 똑같이 시작해도 남보다 쉽고 빨리 처리하는 사람들이 있다. 더욱이 그렇게 하면서도 남들보다 훨씬 성과 있게 잘한다. 똑같은 일도 다르게 하면서 성과를 내는 사람들에겐 어떤 것이 있는 것일까?

『일근육』에서 야마모토 신지는 이렇게 말한다. "자격증이다, 영어 실력이다 하는 남들이 다하는 얄팍한 스킬을 쫓아가지 마라. 화려한 커리어를 쫓아 철새처럼 이동하지도 마라. 당신이 어느 조직에서건, 초기 '학습'에서 '성취'까지 하나의 사이클을 온전히 경험하지 않고는 진정한 프로페셔널이 될 수 없다. 정작 현업에서 필요로 하는 건 백과사전적 지식이나 스킬이 아니라 그 사람이 아니면 할 수 없는 능력이다. 그렇게 남들과 당신을 구분 지을 수 있는 차별점을 가지지 않고는 당신이 가진 지식이나 스킬, 커리어는 5년도 못가 쓰레기가 되고 말 것이다."

어떤 프로젝트나 추진업무든 최초 준비 단계부터 업무의 성과를 마무리 짓는 종결 시점까지 한 사이클의 일을 처리해보지 않고는 업무의 전체적인 흐름과 프로로서의 전문성을 가질 수가 없다. 다양한 프로젝트를 수행한 경험들이 쌓이고 쌓일 때 자신만의 업무 프로세스가 만들어지는 것이다. 이런 경험과 추진능력이 당신을 전문가로 만들어 주고, 업무를 주도할 수 있게 해준다. 시스템을 개발하든 주요한 정책을 추진하든, 어떠한 분야든 자신만의 업무 추진 프로세스가 있으면 수행 방법은 그리 어렵지 않다.

시스템 개발 프로젝트를 처음 맡았을 때였다. 추진 경험이 없어 개발 초기부터 시간이 걸렸고, 방향은 제대로 잡은 것인지 불안하기도 했다. 방해는 또 왜 이렇게 많은지, 프로젝트가 진행되는 중에도 내적으로나 외적으로 많은 저항이 발생했다. 심지어 도움을 주는 사람보다 불편하게 하는 사람들이 더 많았다. 갑과 을에 대한 갈등, 프로젝트팀 내부 관계에 대한 갈등, 사업추진 일정과 예산에 대한 갈등, 시험 운용 및 결과 평가, 성과와 보상에 대한 갈등, 성공과 실패에 대한 부담 등 온갖 일들이 나를 위축되게 하고 어렵게 만들었다. 하지만 나는 "담당자가 스스로 결과에 책임진다."는 자세를 가졌다. 이 자세는 난관을 극복하고 일을 빠르게 처리하는 데 매우 중요하다. 이 일에 자신을 건다는 각오이기 때문이다. 이러한 경험을 몇 번 한 이후에는 어떠한 일이 주어져도 부담을 느끼지 않았으며, 주도적으로 업무를 완수하였다. 다양한 경험이 나만의 업무추진 프로세스를 만들어주었기 때문이다. 이처럼 자기만의 업무추진 프로세스를 가져야 한다. 래리 보시디는『Execution_실행에 집중하라』에서 "기업에서 가장 가치 있는 사람은 책임을 완수하고 일을 맡아 끝낼 줄 아는, 아주 드문 사람"이라고 했다.

이러한 능력을 갖추기 위해서는 개발자로든 팀장으로든 중요한 프로젝트팀에 발탁되도록 노력해야 하며, 동시에 전문성을 갖추어 놓아야 한다. 물론 프로젝트에 참여하는 것은 자신에게 많은 희생을 요구한다. 어쩌면 개인적인 삶을 포기하고 업무에만 매진하라고 요구할 수도 있다. 하지만 이런 것을 감수하지 않고 자신의 능력을 획기적으로 향상하기는 힘들다. 어려운 일을 원하는 대로 성취하기 위해서는 누군가의 희생이 필요하다. 기꺼이 자기 자신을 희생하겠다는 마음가짐을 가져야 한다. 전문적인 능력이나 자기만의 업무 프로세스를 갖추기 전까지 남다른 노력이나 희생을 하지 않는다면, 결코 원하는 것을 얻지 못할 것이다.

그렇다면 자기만의 업무 프로세스를 만들려면 어떻게 해야 할까? 여기에 고려해야 할 몇 가지를 사항을 제시해 보겠다.

우선, 최초에 방향을 준비할 때는 업무추진에 영향을 미칠 수 있는 관련 법규나 규정을 확인하라. 기존에 유사한 업무가 있었는지도 확인하되, 참고만 하라. 그것은 당시의 여건과 상황에 맞게 작성한 것일 뿐, 나의 입장과 상황에 맞는 건 아니다. 또한 내부적으로 협조해야 할 부서를 확인하고, 고객이나 경쟁 회사와의 관계에서 고려해야 할 사항을 검토한다. 마지막으로 보고 시점 및 기대되는 성과나 결과를 예측하라. 이때 최악의 경우 발생할 수 있는 문제점과 대응 방안도 마련해 놓아야 한다.

둘째, 업무추진 중에는 관련자와 업무 진행 상황 및 추진 간 애로사항에 대해 적극적으로 소통하라. 그렇게 해야 문제 발생 요인들을 사전에 차단할 수 있다.

셋째, 효과적으로 추진하기 위해서는 업무에 집중할 수 있는 자기만의 시간과 방법을 찾아야 한다. 회사에서는 상사나 동료와의 업무토의, 회의참석, 외근근무, 전화응대 등 부가적인 소요 시간이 많아, 실제로 일에 집중할 수 있는 시간이 매우 적다. 오죽하면 업무시간에는 집중할 수가 없어 퇴근 이후에 자신의 업무를 처리한다고 하겠는가? 집중시간은 가능한 1시간 정도로 정하라. 1시간이 어렵다면 30분이라도 정해 놓으라. 성공하면 30분을 또 연장하면 된다. 만약 성공하지 못했다면 멈춘 그 시간부터 다시 시작하라. 이렇게 시간을 활용하면 업무에 대한 집중력이 매우 높아져, 성과가 달라짐을 느낄 수 있을 것이다.

넷째, 업무추진 중에 저항이나 어려움이 생길 때는 우선 문제의 핵심이 무엇인지를 알아야 한다. 그리고 무엇에 자극을 주면 해결 방법을 찾을 수 있을지 고민해야 한다. 대상이 사람이라면 어떻게 마음을 움직여 거부할 수 없이 따라오게 할 것인지, 예산 문제라면 어떻게 논리적으로 설득해야 하는지 등 많은 모의 연습을 해보고 부딪쳐야 한다. 그 외에 어떤 문제라도 문제의 핵심이 무엇인지 알면 대응 방법도 찾을 수 있다. 이때 주의해야 할 것은 문제를 건별로 해결할 것인지, 다수의 문제를 동시에 해결할 것인지 판단하는 것이다. 이것은 사업의 중요도에 따라 판단해야 한다. 너무 자주 가면 가벼워 보이고, 너무 늦게 가면 해결 시기를 놓칠 수 있다.

과거 회사에 다닐 때 사회적 기업의 후원을 받아, 예하 조직에 많은 복지 혜택이 주어지도록 지역별 영화 시스템을 만들려고 한 적이 있다. 누가 보아도 이루어지기만 하면 좋은 문화적인 혜택을 줄 수 있는 일이었다. 나는 이 일을 성사시키기 위해 관련 부서의 담당자들을 불러 모았다. 하지만 참석자들은 반대하기만 했다.

"어려운데요."

"이걸 왜 너희 부서에서 하냐?"

"우리 부서는 보안 때문에 협조하기가 좀 그래요."

"장비의 유지보수 문제가 걸리는군."

"콘텐츠가 좀 ……."

아무리 이야기해도 안 되겠다고 판단한 나는 특단의 조치를 취했다.

"좋습니다. 그렇게 부정적이면 접도록 하지요. 대신, 이렇게 많은 사람들이 복지 혜택을 받을 수 있는 걸 반대하시니, 각자 그 반대의 이유를 부서장들이 직접 CEO께 보고토록 하겠습니다. 어떤 보고를 할지는 사전에 알아야 하니, 일주일 뒤에 이 자리에서 다시 토의하겠습니다."

자, 일주일 뒤에 어떤 일이 일어났을까? 모든 부서가 일이 추진되는 방향으로 업무를 정리해서 가져온 것이다. 이때 나는 두 가지를 염두에 두고 해결책을 찾으려고 했고, 다행히 그것이 유효했다. 사람들은 누구나 자신의 승진에 대한 기대를 하고 있다. 그리고 누가 보아도 예하 조직에 큰 복지 혜택을 주는 일을 담당자가 부서장에게 안 된다고 말하기는 어렵다. 설령 부서장에게 말했다 해도, 부서장이 CEO에게 부정적인 보고를 하는 것은 매우 힘들다. 나는 바로 이러한 것들을 건드린 것이다. 결과적으로 그 사업은 무리 없이 추진되어 좋은 성과를 거두었다. 여기서 주의할 점이 있다. 무엇을 건드려야 할지를 깊이 생각하라는 것이다. 개인의 약점은 절대 건드리지 말라. 섣불리 건드렸다간 자신에게 부메랑이 되어 돌아올 것이다. 그러면 견디기 힘든 아픔이 될 수도 있다.

다섯째, 일상적인 진행보고는 업무추진에 대한 상·하급자 간 소통이 되도록 간단하게 하면 된다. 보고방법도 구두나, 메일, 문자메시지 등 다양한 방법으로 편하게 언제든지 보고하라고 한다. 어떤 방법으로든 적시에 보고하는 것이 중요하다. 그렇지만 보고의 내용이 프로젝트 추진을 위한 의견을 포함한다면 초기와 중기, 종료 시점에 따라 달라질 필요가 있다. 초기에는 서로 추진 방향을 잡아가는 시기이기 때문에 의견 제시가 활발하지 않다. 하지만 어느 정도 방향이 정해진 중기나 종료 시점에는 많은 요구들이 나올 수 있다. 이때는 꼭 필요한 요소인지 아닌지를 선별적으로 판단해야 한다. 어떤 모습인지 보이는 시기라 너도나도 요구사항을 말할 수 있기 때문에, 불필요한 것을 제거하지 않으면 정해진 기간 내에 종결하기가 어렵다.

다만 지나치게 문서에 얽매이지는 말라. 그러면 정작 업무추진보다 보고서 작성에 시간이 많이 투자된다. 구두로 보고한 후 방향이 결정되면 그때 가서 문서로 기안해도 된다. 물론 기본적인 방향이라도 문서가 있어야 대화가 되는 업무가 있다. 이 경우에도 키워드만 작성하여 대화하면서 방향을 잡아가면 일에 더욱 집중할 수 있다.

여섯째, 현장 확인을 잊어서는 안 된다. 책상에 앉아 예측하거나, 자신이 직접 확인하지 않은 것을 미리 확신하거나 판단하지 말라. 나아가 아무리 사소한 것이라도 디테일의 힘을 무시하지 말라. 왕중추는 『디테일의 힘』에서 "1%의 실수가 100%의 실패를 낳을 수 있다."고 말한다. 문제는 항상 작은 것에서 출발한다는 진리를 일깨워 주고, 그에 대한 경각심을 강하게 불러일으켜라.

마지막으로, 항상 배우는 자세로 임하며, 업무 관련 분야의 전문가 그룹을 만들어, 필요하면 도움을 요청할 수 있도록 관계를 유지해야 한다.

주도적으로 일하려는 사람은 자기만의 업무 프로세스가 있어야 한다. 업무를 추진할 때 어떤 절차로 이 일을 처리하면 되는지 자기만의 노하우를 가져야 한다. 업무 수행 준비부터 추진하는 전 과정에서 예상되는 문제점을 미리 파악하고 대비해야 한다. 또한 분야별 전문가의 조언을 듣는 것도 잊지 말라. 그들과 연계하여 업무처리 방향을 얻을 수 있다면 똑같은 일도 더욱더 빠르고 정확하게 대처할 수 있다. 이것은 매우 효과적이고 성과 있는 업무수행 능력이 된다. 다만 그것은 철저하게 자기만의 업무 프로세스 속에서 진행되어야 한다.

비슷하게라도
방법을 찾아라

● 처음 시도하는 일이나 다른 사람이 포기할 만큼 어려운 일을 받았다면 당신은 어떻게 할 것인가? 더욱이 회사로서는 꼭 해야 할 일이라면 말이다. 이때 안 된다고 포기하는 사람이 있는가 하면, 어떻게든 방법을 찾아내어 성사시키는 사람이 있다. 이들의 차이는 일을 바라보는 방향에 있다. 전자는 아무리 쉬운 일이라도 안되는 방향으로 보지만, 후자는 아무리 어려운 일이라도 되는 방향을 바라보고 그 방법들을 찾는다. 당신은 어떤 유형의 사람인가?

어떤 일을 시작할 때 '안 된다'는 이유는 수없이 찾을 수 있다. 하지만 회사는 안 된다는 사람들의 이야기를 듣고 포기하기 위해 그 일을 시작한 것이 아니다. 아무리 위험하고 어려우며, 가능성조차 희박한 일임에도 하려고 하는 것은 그 일이 회사에 꼭 필요한 일이기 때문이다. 이때 회사는 '모든 방법'을 동원하여 해내는 사람을 찾는다. 그리고 그런 사람들이 있기 때문에 어려운 일도 도전하는 것이다. 여기서 '모든 방법'을 동원한다는 것은 틀에 박힌 방법을 벗어나 말 그대로 모든 방법을 동원한다는 말이다. 그러면 故 정주영 회장의 울산 현대 조선소 같이 뜻밖의 방법으로 기적처럼 이루어질 수도 있다. 당신은 힘들다고 안주하며 서서히 침몰할 것인가? 아니면 어떤 어려움이 있어도 그것을 극복하며 도약할 것인가? 선택은 미래를 꿈꾸는 본인의 몫이다.

회사의 사활이 걸린 새로운 프로젝트를 추진하다 보면, 도저히 해결할 수 없는 장벽에 가로막힐 때가 많다. 어떤 장벽은 상식적으로 불가능해 보이기까지 한다. 이럴 때 어려움을 해결하기 위해서는 네 가지 정신자세를 가져야 한다.

첫째, '열정'이다. 할 수 있는 한 모든 길을 찾아 성사시키고자 노력하는 것이다. 하지만 열정만으로 모든 것이 다 이루어지는 것은 아니다.

둘째, '창의적인 능력'이다. 주어진 상황에 대해 가장 적절하게 준비하고 대응할 수 있는 창의성을 가져야 한다.

셋째, '대의명분大義名分'이다. 이 일을 왜 해야만 하는지 끊임없이 자신에게 되물어 가면서, 해야만 하는 이유를 찾아야 한다. 이순신 장군은 조정의 아무런 도움 없이 스스로 거북선과 판옥선 같은 전함과 화포를 만드는 등 훈련을 통해 수군을 재정비하고 군량미를 조달했다. 그리고 왜군과 싸우는 모든 전투에서 연전연승했다. 이렇게 할 수 있었던 것은 외적으로부터 조선을 지켜야 한다는 대의명분이 있었기 때문이다. 하지만 열정과 창의력과 대의명분만으로는 모든 어려움을 해결할 수 없다. 여기에 필요한 게 하나 더 있으니,

넷째, '불굴의 정신'이다. 이순신 장군은 연전연승하면서도 조정의 미움을 받았다. 전쟁 중에 끌려가 모진 고문을 받고 백의종군까지 했다. 때로는 생명의 위협까지 받았다. 하지만 그에게는 불굴의 정신이 있었다. 옳은 일을 위해서는 어떠한 시련과 어려움이 있어도 극복하겠다는 불굴의 정신, 그것이 있었기에 불과 13척의 배로 300여 척의 왜선을 물리치고 조선을 지켜낼 수 있었던 것이다.

故 정주영 회장은 우리나라 경제발전에 큰 족적을 남긴 사람이다. 그는 불가능을 가능하게 만든 대표적인 사람으로 기억되고 있는데, 그가 항상 입버릇처럼 달고 다니던 말이 있었으니, 바로 "임자, 한 번 해보기나 했어?"이다. 그는 이 퉁명스러운 질문과 함께 불굴의 추진력과 창조적인 아이디어로 수많은 난관을 돌파했다.

1970년대 초 어느 날 밤, 故 정주영 회장은 조선소 사업을 제안받는다. "한 나라의 대통령과 경제 총수 부총리가 적극 지원하겠다는데 그것도 못 하겠어요? 여기서 체념하고 포기를 해요? 어떻게든 해야지! 임자는 하면 된다는 불굴의 투사 아니오?"

이 시기는 포항제철이 완성되던 때였다. 여기서 생산되는 대량의 철을 소비해 줄 산업이 필요했는데, 그것이 바로 조선造船 사업이었다. 故 정주영 회장도 조선 사업을 해보고 싶다는 생각은 있었지만, 아직은 아니

었다. 하지만 아무도 할 사람이 없어 자신에게 화살이 돌아오니, 결국 대통령에게 하겠다고 승낙하고 말았다. "그래 한번 해보는 거야! 못할 것도 없지. 그까짓 철판으로 만든 큰 탱크를 바다에 띄우고 동력으로 달리면 그게 배지 뭐!" 그는 조선업자로서가 아니라 건설업자로서 조선소 건설을 생각했었다.

당시에는 조선소 장소만 선정되어 있을 뿐, 다른 것은 아무것도 준비되어 있지 않았다. 돈도 한 푼 없었기에 차관을 얻어 와야 했다. 하지만 미국과 일본은 "후진국에서는 조선소가 불가능하다"며 상대해 주지도 않았다. 이어 영국은행 버클레이즈와 협상을 벌였는데, 여기서는 꽤 까다로운 세 가지 조건을 제시했다. 첫째, 영국식 사업계획서와 추천서가 있어야 한다. 둘째, 사업계획서를 수출보증국으로 추천해 주어야 한다. 셋째, 영국은행이 외국에 차관을 주려면 수출신용보증국의 보증을 받아야 하는데, 그 조건은 배를 살 사람의 계약서를 갖고 오는 것이다. 이 셋 중 울산 미포만의 황량한 바닷가 사진만으로 해결할 수 있는 건 하나도 없었다. 하지만 故 정주영 회장은 불굴의 정신으로 이 모든 것들을 해결해냈다.

첫째, 영국식 사업계획서와 추천서 건이다. 어떻게 해서 영국의 선박 컨설턴트 기업인 A&P 애플도어에 의뢰해 사업계획서는 작성하였으나, 추천서까지는 받을 수 없었다. 일주일 후 울산 미포만 사진을 들고 어렵사리 애플도어의 찰스 롱바톰 회장을 만날 수 있었지만, 여전히 상황은 비관적이었다. 그때 故 정주영 회장이 바지 주머니에 있던 500원짜리 지폐를 테이블 위에 탁 펼쳤다. 거기에는 거북선 그림이 그려져 있었다. "이걸 잘 보시오. 우리나라 지폐에 있는 거북선이라는 배인데, 철로 만든 함선이지요. 한국은 영국의 조선 역사보다 300년 앞선 1500년대에 이 거북선을 만들어냈고, 일본과의 전쟁에서 승리했지요. 한국이 가지고 있는 잠재력은 바로 이 돈 안에 담겨있습니다." 롱바통 회장은 지폐를 자세히 살펴보더니 "정말 당신네 선조들이 이 배를 만들어 전쟁에 사용했다는 말입니까?"라고 물었다. "예, 이순신 장군이 만든 배입니다. 한국은 대단한 역사와 두뇌를 가지고 있으며, 비록 산업화가 늦어졌지만 잠재력만은 충분하고 그래서 최고의 배를 만들 수 있습니다." 이에 롱바통 회장이 버클레이즈 은행에 추천서를 보내주었다.

둘째, 사업계획서를 수출보증국으로 추천해주는 문제이다. 며칠 뒤 버클레이즈 은행 해외 담당 부사장이 점심을 하자고 연락을 해 왔다. 미팅 전날, 정 회장은 마음 졸이며 기다리기만 하느니 관광이라도 할 겸 마침 졸업식이 열리는 옥스퍼드 대학을 방문하였다. 다음날 부사장이 소학교만 나온 정 회장에게 전공을 묻자, "제 전공이요? 그 전에 우리가 제출한 사업계획서는 보았느냐?"고 부사장에게 되물었다. 그가 봤다고 말하자, 정 회장은 이렇게 대답했다. "어제 내가 그 사업계획서를 가지고 옥스퍼드 대학 졸업식에 갔더니, 한 번 들춰보고는 바로 경영학 박사학위를 주더군요." 버클레이즈 은행은 故 정주영 회장의 큰 배포와 유머, 됨됨이를 알아보고, 사업계획서를 수출보증국으로 보내주었다.

셋째, 수출신용보증국 ECGD(Export Credit Guarantee Department)의 보증을 받는 문제. 정 회장은 울산 미포만 사진 한 장만 달랑 들고 배를 사줄 사람을 찾아 나섰다. 바로 선박왕 오나시스의 처남인 그리스의 리나노스, 그는 정주영 회장의 배포와 사진만 믿고 유조선 2척을 계약했다. 이렇게 세 개의 모든 관문을 통과했다. 더구나 조선소는 조선소이고 선박건조는 별개라며, 이 둘을 동시에 진행했다고 한다. 故 정주영 회장은 "아무리 어려운 일이라도 안된다고만 하지 말고, 비슷한 방법이라도 찾아보라."고 했다. 그리고 그 말을 직접 실천해 보였다.

회사에서 주어진 일이 때로는 벅찰 수도 있고, 불가능해 보일 수도 있다. 어떤 이들은 도저히 불가능하다고 판단하여 포기하기도 한다. 하지만 어떤 이들은 분명 방법을 찾아낸다. 같은 일도 포기하는 직원이 있고 해내는 직원이 있다. 회사는 이 둘을 어떻게 평가하겠는가? 포기하는 직원은 미래가 불투명하다. 오랫동안 열심히 근무한다고 모두가 꿈과 목표를 이루는 것도 아닌데, 하물며 어렵다고 포기하는 사람에게 어떤 미래를 기대하겠는가? 故 정주영 회장처럼 허허벌판에 조선소를 짓은 일은 분명 누구나 할 수 있는 일이 아니다. 그렇지만 비슷하게라도 방법을 찾아내려는 노력과 찾아내서 성사시키려는 열정과 능력은 갖춰야 한다. 그래야 꿈과 목표를 이루는 데 가까이 갈 수 있다.

나를 알리는 브랜드를
구축하라

● 자신의 전문성을 키워라. 전문성은 일의 양이 아니라 질에 있다. 즉, 얼마나 질적인 업무를 하느냐 하는 것이다. 숙련공과 지식노동자는 다르다. 숙련공은 일의 능률만 따지면 된다. 주어진 일을 제대로 해낼 수 있는 능력만 있으면 된다. 하지만 피터 드러커가 말한 바와 같이, 지식노동자에게 중요한 것은 '일의 능률'이 아니라 '목표달성 능력'이다. 스스로 목표를 정하고 이를 달성하는 방안을 찾는 것이 지식노동자의 일이라는 것이다.

회사가 원하는 전문성이란 무엇인가? 그것은 어떤 일인지보다는 어떻게 일하는지와 관련되어 있다. 피터 드러커는 "지식노동자에게 동기를 부여하는 것은 실행능력이다. 목표달성 능력이 있는 지식노동자는 시간을 어떻게 사용해야 할지 알고 철저하게 시간 관리를 하며, 무턱대고 일을 분배하는 것이 아니라 자신과 동료, 상사, 부하직원의 강점을 바탕으로 성과를 낸다. 그들은 마냥 열심히 하는 것만으로 목표달성이 되지 않는다는 것을 알기에 의사결정 체계를 통해 효율적인 목표관리에 힘쓴다."라고 했다.

그러면 전문성은 어떻게 생기는가? 회사생활을 하면서 느낀 점은 한 직장에 오래 근무한다고 하여 전문성이 길러지는 것은 아니라는 것이다. 회사에서는 주기적으로 부서와 직책을 옮긴다. 만약 1~2년 단위로 부서를 바꾸기 때문에 전문성이 떨어지는 것이라면, 10년, 20년 같은 부서에서 근무하게 하면 된다. 하지만 그렇다고 전문성이 향상될까? 나는 그렇지 않다고 생각한다. 1~2년의 경험 속에서 전문성을 키우지 못했다면, 아무리 오래 일해도 마찬가지다. 그에게 10년, 20년은 단순히 1~2년을 여러 번 반복한 것에 지나지 않는다. 10년, 20년 이상 자동차를 운전했다고 '운전 전문가'라 부르지 않는다. 경험적으로 일을 처리하는 능력은 키웠을지 몰라도, 깊이 있고 체계적인 전문성을 갖게 되는 것은 아니다.

전문성은 직무의 난이도와 깊은 관계가 있다. 직무의 난이도가 높은 분야는 단기간에 능력을 갖추기 힘들기 때문이다. 따라서 전문성은 직무와 경험의 질이 크게 좌우한다. 얼마나 직무를 깊이 이해하고, 강도 있게 준비했느냐가 관건이다. 전문성과 숙련도는 차이가 있다. 전문성은 기본적으로 복합적이고 돌발적이고 예측 불가능한 상황을 전제로 한다. 전문성을 갖춘 사람은 이런 어려운 상황 속에서 적합한 해법을 순발력 있고 적절하게 찾아내어 실천으로 옮긴다. 반면 숙련도는 일종의 기술적 요소로서, 반복되는 일상에서 빠르고 정확하게 처리하는 능력이다. 즉, 생산성을 향상시키는 요소인 것이다.

팀 페리스는 그의 저서 『지금 하지 않으면 언제 하겠는가』에서 태리 래플린을 최고의 전문성을 가진 사람으로 소개했다. 태리는 혁신적인 수영법을 가르치는 데 집중하는 '토털 이머전Total Immersion'의 창업자다. 1988년까지 그는 세 곳의 대학과 최고의 수영 클럽 두 곳의 코치를 맡아 각 팀의 기량을 획기적으로 개선했고 24명의 전미 챔피언을 길러냈다. 이런 탁월한 코치 경험을 바탕으로 그는 1989년 토털 이머전을 세웠고, 젊고 뛰어난 청소년과 경험과 기술이 부족한 성인들을 지도했다. 그는 어떤 일에 일가견을 이룬 사람, 최고의 전문성을 획득한 사람들의 특징은 "쉽고, 부드럽고, 여유로운 것"이라 하면서, 경지에 오르는 5단계를 다음과 같이 제시했다. 첫째, 가치와 의미가 있는 도전을 선택한다. 둘째, 올바른 길과 우선순위를 정해줄 수 있는 스승을 찾는다. 셋째, 부지런히 연습한다. 핵심 기술을 연마하고 새로운 능력 수준으로 조금씩 발전하도록 노력한다. 넷째, 고지를 사랑하라. 바로 눈앞에 보이는 것 같아도 혼신의 힘을 다해 걸어야 도착할 수 있는 높은 곳을 사랑하라. 아무런 진전이 없는 것 같은 먼 길이 있어야만 마지막 순간에 스릴 넘치는 도약과 비상이 나타나면서 가치 있는 발전이 이루어진다는 사실을 잊지 마라. 다섯째, '경지'는 목적지가 아니라 여정이다. 진정한 마스터에게 경지란 없다. 언제나 더 배우고 더 연습해야 할 기술이 있을 뿐이다. 최고의 경지에 오른 사람들은 고통과 시련, 역경을 쉽고 부드럽게 만들 줄 아는 사람들이다.

회사에서 전문성을 갖춘 사람은 그 분야에서 인정받는다. 그러나 전문성을 갖추었다고 갑자기 연봉이 획기적으로 올라가는 것은 아니다. 직장 생활을 하는 사람이라면, 이왕이면 연봉을 많이 받을 수 있는 능력을 키우기 원하겠지만, 자신의 전문성만으로는 획기적인 연봉인상을 기대하기 어렵다. 하지만 그의 전문적인 능력이 희소성을 가진다면 문제는 달라진다. 희소성을 가졌다는 것은 자신이 아니면 그 분야에서 적절하게 일할 사람이 적다는 것이다. 이렇게 자신만의 전문적인 영역을 가지고 다른 사람들이 대체하기 어렵도록 차별화된다면, 회사에서는 없어서는 안 될 중요한 인재가 된다. 이렇게 되면 연봉 면에서도 훨씬 대우가 달라진다.

차별화된 전문성을 가지고 있다면, 그다음에는 자신의 가치를 더욱 높일 수 있도록 멋지게 포장하여 경력관리의 수준을 높여야 한다. 자신의 핵심 능력이 정의되었으며 대체될 수 없는 희소성을 갖추었다면, 이것을 자기만의 브랜드로 만들고 자기 것으로 홍보해야 한다. 예를 들면, '마케팅 최고수 김 과장'이란 브랜드를 만드는 것이다. 이 브랜드를 자타가 공인한다면, 회사에서 인식하는 그 사람의 가치는 다른 사람들과 비교할 수 없게 된다.

인터넷 블로그들에 보면 자기만의 브랜드를 만든 사람이 많이 있는데, 그런 사람들은 대개 자신이 하는 일을 정의할 수 있는 사람, 그리고 평생 갈 길을 정한 사람들이다. 그런 브랜드로 성공한 사람들도 많은데, 그들의 공통점은 다음과 같다. 첫째, 업을 자기만의 언어로 재정의한다. 명함에 직함과 더불어 '마케팅 최고수'라는 브랜드를 넣으면, 다른 사람들과 그 일에 대해 대화할 수 있는 여건이 만들어진다. 자기 일을 잘 설명할 수 있는 기회가 더 많이 열린다. 둘째, 새벽을 깨는 사람이다. 아무에게도 방해받지 않는 자기만의 시간을 확보한다. 셋째, 일에서 특권을 누린다. 자기가 하는 일을 즐기면서 누구보다 헌신한다면 그 누구도 당신을 대체할 수 없다. 그는 자기만의 방법으로 자기 일을 한다. 넷째, 자기만의 성장 법칙이 있다. 책을 통해 관련 분야를 연구하고 전문가와의 대화를 통해 깊이를 더하며, 이를 자기만의 능력으로 발전시킨다. 이처럼 회사에서도 자기만의 브랜드를 확산해 나간다면 큰 성과를 얻게 될 것이다.

자기만의 브랜드란 자신의 고유한 정체성을 보여주는 상징적인 도구이다. 그래서 좋은 브랜드는 비즈니스와 고객 사이에 강한 감정적 연결고리를 형성한다. 나는 어떤 사람이고, 무슨 일을 하며, 어떤 점에서 능력이 뛰어난지, 어떤 특성을 가지고 있는지를 가장 효과적으로 알려주기 때문이다. 회사에서도 마찬가지다. 자기만의 긍정적인 브랜드는 회사에서 자신이 어떤 사람인지를 알리는 매우 효과적인 도구이다. 그래서 브랜드를 가졌다는 것은 그 분야에서 자신에 대한 신뢰감이 형성되었다는 것을 의미한다. 나아가, 개인 브랜드Personal Identity를 확립하는 것은 단순히 자기 홍보를 넘어 경제적 정체성을 결정짓는 것이기도 하다. 그러므로 자기 자신에게 이렇게 질문해보라.

"나는 나만의 브랜드를 가지고 있는가?"

"있다면 브랜드 가치를 높이기 위해 얼마나 노력하고 있는가?"

"1년 전에 비해 나의 브랜드 가치는 얼마나 올라갔는가?"

이렇게 끊임없이 질문하고, 자신의 브랜드 가치를 높이기 위해 지속해서 노력하라.

회사에서 자신이 어떻게 비치고 있는지 알아보라. 그리고 대표적인 인식과 연계하여 브랜드를 만들어보라. 그 브랜드를 자신의 가치로 연결해야 한다. 회사에서 '이것 하면 누구'라는 말이 나오도록 긍정적인 브랜드를 구축하라. 자신의 가치를 올리는 브랜드는 전문성과 희소성에서 나온다. 전문성과 희소성은 아무리 강조해도 지나치지 않다.

나는 늦게 가도
끝까지 간다

● 회사생활을 하다 보면 결정적인 순간에 도저히 납
득할 수 없는 일이 벌어지곤 한다. 업무능력이나 성과 면에서 부족하다
고 인식되는 사람, 혹은 곧 퇴출당할 것 같은 사람이 승진하거나 좋은 직
책을 맡고, 능력이 뛰어나 당연히 승진할 것 같은 사람이 한직으로 밀려
나는 경우가 종종 있다. 어떤 사람은 승진하는데 어떤 사람은 원하지 않
는 곳을 떠돌다 퇴출 대상이 된다. 왜 이런 현상이 생길까?

다음의 경우를 생각해 보자.

K 상사의 김 대리는 본인이 원하는 것이 뜻대로 이루어지지 않아 몹
시 실망하고 있다. 이번 인사에서 과장 승진을 기대하고 있었다. 그런데
오늘 발표된 명단에 그의 이름이 없었다. 이번에는 반드시 대리 딱지를
떼고 과장으로 승진할 것이라는 기대감과 주변의 평가에 미리 승진 턱도

냈다. 더구나 자신과 경쟁 관계에 있는 사람 중 박 대리는 업무처리 능력이나 성격 면에서 승진이 안 된다고 생각했기 때문에, 이번에는 자기 차례가 될 거라고 굳게 믿었다. 하지만 승진대상자 명단에는 자기 이름이 없고, 대신 박 대리가 들어가 있다. 김 대리는 자신이 받아야 할 승진을 다른 사람에게 빼앗긴 느낌에 무척 화가 났다. 왜 자신이 승진 대상에서 제외되었는지 도저히 이해할 수 없었다.

나도 한때 승진대상자에서 제외되어, 이런 직장을 계속 다녀야 할지 심각한 고민을 한 적이 있었다. 3년 동안 주도적으로 시스템 개발 프로젝트를 추진할 때의 일이다. 그동안 업무를 해온 노력이나 성과를 생각하면 당연히 승진한다는 자신감이 있었고, 주변에서도 승진 가능성이 매우 높다고 격려하였기에 기대감이 컸다. 하지만 막상 발표가 났는데, 대상자 명단에 내 이름이 없었다. 그동안 개인적인 시간과 가정까지도 포기할 정도로 열정을 다하고 성과도 괄목하게 냈는데, 이유를 알 수 없었다. 도대체 선발 기준이 뭔지 의문이 들면서 눈물도 나고, 화가 나서 좀처럼 마음을 달랠 수가 없었다.

더구나 그 전부터 다른 회사에서 함께 일하자고 제의가 몇 차례 들어오고 있었다. 원통하고 분한 마음에 상사에게 사직서를 제출했다. 처리되는 데 시간이 며칠 걸리므로, 일단 빨리 제출하고 기다릴 생각이었다. 하지만 바로 그날 퇴근하여, 지금까지 왜 직장을 다니는지 곰곰이 생각해 보았다. 내게도 꿈과 목표가 있었는데, 이렇게 패배자로 회사를 그만둘 경우 어디에서도 견뎌내지 못하고 결국 실패하는 경험만 반복하겠다는 생각이 들었다. 회사를 나가도 지금 이렇게 좌절하는 심정으로 나가는 것은 아니라는 결심을 하고, 다음날 상사를 찾아가서 생각이 짧았다고, 다시 기회를 주면 열심히 하겠다고 말했다. 상사는 사직서 제출은 없었던 것으로 정리해 주었다.

　회사원이라면 누구나 승진을 하고 싶을 것이다. 오죽하면 군에서는 "진급 발표가 나면 현충원에 잠들어 있는 호국영령도 자기 이름이 있는지 기대한다."는 우스갯소리를 하겠는가? 승진은 그만큼 모든 사람이 바라는 것이고, 바라는 대로 이루어지지 않는 사람이 더 많기 때문에 어려운 것이다. 그러므로 한 번 승진에 누락되었다고 포기하지 말고, 다음 기회를 준비해야 한다. 물론 다음 기회를 준비한다고 된다는 보장이 있는 것은 아니다. 하지만 먼저 포기하면 다음 기회도 없다.

　다음을 준비하려면 우선 실패한 원인을 살펴보는 것이 중요하다. 가만히 시간만 보낸다고 다음 기회가 보장되는 것은 아니기 때문이다. 어쩌면 전보다 더욱 노력해야 할 것이다. 자신이 무엇이 부족한지 원인을 파악하고, 무엇을 어떻게 준비해야 하는지를 계획해야 한다. 그러면 다음 단계의 승진부터는 어쩌면 앞선 사람들보다 더 빨리 승진할 수도 있을 것이다. 왜냐하면 실패의 경험을 통해 성공의 길을 여는 방법을 알아냈기 때문이다. 따라서 늦게 간다고 좌절하지 말고, 조금 늦어도 원하는 목표를 이룰 때까지, 끝까지 최선을 다하겠다는 인식이 필요하다.

　그래서 김상운은 그의 저서 『왓칭』에서 "실패는 더 배우라는 우주의 신호다. 모든 실패에는 어김없이 교훈이 들어 있다. 교훈을 잘 배우면 실패 수업은 곧 끝나지만, 교훈을 못 배우면 실패 수업은 자꾸만 되풀이된다."고 말했다. 또 신현만은 『회사가 붙잡는 사람들의 1% 비밀』에서 이렇게 말했다. "기업에서 최고의 인재로 꼽는 사람은 이런 사람이다. 확실한 실무역량을 갖추고 자신의 직무에 성과를 내는 동시에, 문제를 해결하기 위한 해법을 제시하고, 직접 뛰어들어 실행에 옮기는 이들이다. 즉, 문제의 핵심이 무엇인지 알고, 가장 적합한 해법을 찾아내어, 그 해결 과정을 주도적으로 실행할 수 있는 인재, 즉 그것을 해결하기 위한 실행능력을 갖춘 사람이다."

월마트의 창업자 새무얼 월턴은 후계자를 선정할 때 다른 사람들의 예상과 달리 데이비드 글라스로 낙점한 이유를 이렇게 말했다. "뛰어난 사람은 많지만, 조직의 가치를 지킬 사람이 중요하다." 훗날 그의 선택은 옳았다고 평가된다. 데이비드는 10년 동안 연 매출을 10배나 신장시키며 '유통의 신'이라는 전설적인 이름을 얻게 되었기 때문이다.

회사에서 평가하는 기준은 직급이나 업무 성격, 대상이나 상황에 따라 다를 수 있다. 모든 것이 내가 유리한 대로 만들어지지는 않는다. 흔히 "실패 없는 성공은 없다."고 말한다. 원하는 것을 이루지 못해 실패했다고 상심해 있는 날, 자신의 감정을 이겨내지 못하고 돌이킬 수 없는 실수를 범하지는 말아야 한다. 이럴 때일수록 자신을 냉정하게 되돌아보고 다음을 준비하는 것이 필요하다. 음주 혹은 다른 일로 실수하면, 다음에 기대할 승진의 기회도 날아가기 때문이다. 조금 늦게 가는 것이 아쉽더라도, 다음 기회에 앞서갈 수 있는 준비를 하는 것이 현명한 일이다. 늦게 가도 자신이 원하는 목표까지 가면 된다.

내 성과 최고의 날은
퇴직 전날이다

● 시작이 있으면 끝이 있다. 회사생활도 자신이 원하든 원하지 않던 끝나야 하는 시점이 있다. 마무리하는 시점에서 가져야 할 중요한 요소는 '헌신'이다. 헌신은 "어떤 일이나 남을 위해서 자신의 이해관계를 생각하지 않고 몸과 마음을 바쳐 있는 힘을 다한다."는 의미이다. 헌신은 상대에게 자신의 모든 것을 내어주는 것이다. 자신이 원하지 않은 퇴직이며 더 오래 있고 싶은 회사라 해도, 어쩔 수 없이 나와야 하는 입장에서는 원망과 설움이 클 수 있다. 하지만 이런 상황에서도 지금까지 자신의 가정을 이루고 삶이 있게 해준 회사를 위해 마지막까지 최선을 다하여 헌신하고 마무리한다면, 그 사람의 삶은 더욱더 값지고 아름다워질 것이다.

캔 블랜차드와 샐든 보울즈의 저서 『경호』에서 발췌한 내용이다.

"15년이나 근무한 곳인데……. 사실 우울할 일도 아닙니다. 어차피 공장도 오래 버티지 못할 테니까요. 공장이 문을 닫으면 이 마을에 영향이 클 겁니다. 사실, 6개월? 내일? 언제 그만두든 무슨 상관이냐고 생각했는데 마음은 그렇지 않은가 봐요. 공장이 문을 닫는 그 날, 우리 부서 직원들과 다 함께 떠나고 싶었거든요. 우리는 목표가 있답니다."

"목표라고요?"

"물론이지요."

"지금 그 목표를 달성하기 위해 모두 노력하고 있어요. 공장이 문을 닫게 되는 그날은 능률과 생산성에서 최고의 기록을 세우려고 해요. 마지막으로 저 문을 나설 때, 우리는 고개를 들고 당당하게 걸어 나갈 겁니다. 저도 그 자리에 직원들과 함께 있고 싶어요."

회사가 문을 닫는 날 우리 부서는 가장 큰 성과를 내고, 어깨를 펴고 당당하게 회사를 나가겠다는 것, 이것은 자기 일에 애정과 자부심을 가지고 팀원들이 한마음으로 단결되어 있지 않으면 실천하기 어려운 일이다. 회사가 문을 닫는 여건이지만, 이들은 한순간이라도 열정을 멈추지 않았기 때문에 자신들이 목표로 하는 마지막 날 최고의 성과를 달성하려고 한다. 이러한 열정은 결코 한순간에 멈추는 것이 아니다. 마지막 날까지 최선을 다하고 최상의 성과를 거두겠다는 마음이 있으면, 새로운 일도 똑같은 마음으로 시작할 수 있다. 만약 퇴직한다고 열정을 잃거나, 그동안 힘들었으니 쉬고 나서 고민해보겠다고 생각하는 순간 열정과 의욕은 사라지고, 몸과 마음은 처지기 시작할 것이다. 한 번 사라진 열정과 의욕은 쉽게 다시 돌아오지 않는다. 다시 돌아와도 상황이 조금만 바뀌면 쉬고 싶은 마음으로 다시 되돌아간다. 따라서 결코 한순간이라도 나약하거나 쉬고 싶다는 마음으로 퇴직을 준비하면 안 된다. 이전보다 열정을 더욱 갖추고 있어야 새로운 일을 할 수 있다.

퇴직하는 날까지 최선을 다하고 좋은 성과를 거두겠다는 인식을 가져야 자기가 하고 싶은 일에 더욱 열정을 쏟을 수 있다. 이런 사람들은 어디에서도 반겨주는 사람이 된다. 당신이 CEO라면 퇴직하는 시기라고 최선을 다하지 않고 다음 일자리에서나 최선을 다하겠다는 사람을 믿고 채용하겠는가? 무엇보다도 품성이 문제다. 그리고 한 번 대충한 사람은 다음에도 대충하게 된다. 좋지 않은 경험은 습관으로 반복해서 나타나기 쉽다. 그러니 퇴직할 때가 다 되었다고 대충하겠다는 생각은 꿈에서라도 하지 말아야 한다. 만약 새롭게 일하고자 하는 곳에서 전에 근무했던 직장으로 연락하여 당신이 어떤 사람이냐고 물으면 어떻게 할 것인가? 좋은 것은 소문나지 않아도 좋지 않은 것은 쉬 알려지는 법이다. 한 번 잘못 생각한 행동이 끝까지 자신의 발목을 잡을 수 있다는 것을 명심하고, 순간마다 최선을 다하는 습관을 갖도록 노력하라. 그것이 오래도록 생존할 수 있는 가장 좋은 길이다.

『왓칭』에서 김상운은 "사람들은 무의식적으로 '누군가 날 지켜볼지도 모른다.'는 생각이 드는 순간, 자기도 모르게 자신을 남의 눈으로 바라보게 된다. 누군가 늘 지켜보고 있다는 마음가짐으로 살아가는 것은 맑은 영혼을 지키는 길이자 최고의 인생을 사는 길이다."라고 했다. 누군가가 자신을 지켜보고 있다고 인식한다면, 언제나 자신에게 조심하며 흐트러진 모습과 행동을 보이지 않을 것이다.

　직장생활을 하면서 퇴직할 시점을 언제로 결정해야 하는지에 대해 고민을 했었다. 물론 가능한 끝까지 남아서 정년이 되는 시기에 나간다는 것을 우선으로 생각했다. 그런데 같이 생활하는 동료들을 보니, 정상적인 승진에 대한 기대감이 사라지자 직장생활에 많은 변화가 있게 되었다. 우선은 새로운 일을 하려고 하지 않았으며, 늘 시간과 일정에 쫓기던 사람이 가능한 정시 출퇴근을 생활화하는 것이었다. 열정의 에너지가 점점 줄어들었다. 꿈이 사라지면서 일에 대한 애정과 열정도 같이 사라졌고, 매사에 의욕이 없어 보였다. 그리고 사람과의 관계 속에서 어울리며 생활하기보다는 혼자 보내는 시간이 많아지는 것을 보았다. 이런 경우는 직장동료지만 겉모습만 직장동료인 것이다. 이렇게 자신을 스스로 닫아버리고 업무 면에서도, 일에 대한 열정 면에서도, 사람과의 관계 면에서도 자꾸만 멀어지는 모습이 매우 안타까워 보였다. 더욱이 퇴직까지는 시간이 몇 년 남았음에도, 스스로 낮게 평가하며 자기 속에서만 갇혀 생활하는 것이다. 퇴직 이후에 대해서도 걱정만 하지 적극적으로 준비하지 않았다.
　이런 모습을 보면서 퇴직 준비 시기에 가장 가져야 할 것이 무엇인지를 고민해 보았다. 며칠씩 경기를 하는 프로 골프 대회를 보면, 선수들이 그 전날 마지막 홀에서 어떤 경기를 하였는지가 다음날 경기에 영향을 준다고 한다. 퇴직도 마찬가지다. 퇴직하는 회사에서 마지막 날까지 생활한 모습이 다음 직장생활에 크게 영향을 미치는 것이다.

위의 경우를 보면서 나는 어떤 퇴직을 해야 할지를 마음속에 깊이 새겼다. 어느 직급이나 위치에서 퇴직하는 것이 중요한 것이 아니라, 마지막까지 어떤 모습으로 퇴직을 하는지가 더욱 중요한 것이다. 따라서 퇴직하는 날은 의욕을 잃거나, 새로운 일에 도전하기 싫어지거나, 열정을 잃는 날이 되어선 안 된다. 만약 그런 날이 될 것 같으면 그 전에 퇴직해야겠다고 결심했다. 어떤 경우라도 꿈과 희망, 열정을 잃지 말고 나가자고 각오했다. 그래야 다음에 무엇을 해도 도전할 용기와 새롭게 시도할 의욕이 생길 것이며, 힘들어도 포기하지 않는 열정을 잃지 않을 것이기 때문이다.

정년이 되거나 승진이 안 돼서 나와야 한다면 그건 어쩔 수 없는 일이다. 하지만 퇴직을 앞두었다고 나태해지거나 무기력해지는 것은 안 된다. 한 번이라도 이렇게 생각하기 시작하면 점점 그 속으로 빠져들어 가, 더 많은 부정적인 생각으로 의욕 없는 시간을 보내게 될 것이다. 따라서 생각을 밝고 활기차게 갖도록 반복해야 한다. 원하는 것을 얻지 못하여 좌절하거나 힘들 때 가장 중요하게 인식해야 할 것은, '힘든 것의 원인은 생각하는 패턴에 있다'는 것이다. 원하는 것이 이루어지지 않을 때 마음은 힘들고 괴로운 것을 먼저 생각한다. 하지만 괴로움은 외부에서 만들어지는 것이 아니라, 마음속에서 스스로가 만들어 내는 것이다.

회사를 마무리하는 입장에서 최선을 다하고 간절하게 노력하는 것은 누구나 쉽게 할 수 있는 것이 아니다. 하지만 마음만 먹는다면 못할 것도 없다. 마지막까지 최선을 다해 좋은 성과를 얻는 사람이라면, 자신도 모르게 주변에서 새로운 기회가 만들어질 것이다. 왜냐하면 모든 직장에는 그런 사람이 필요하기 때문이다. 회사 입장에서도 끝까지 최선을 다하는 충성스러운 직원을 얻는 것은 보물은 얻는 것과 같다. 회사를 퇴직하며 다른 직장으로 옮기든, 새로운 일을 시작하든 열정만은 단절되지 않고 계속 이어져야 한다.

시작을 잘하는 것도 중요하지만, 마무리를 잘하는 것은 더욱 중요하다. 시작에서 부족한 것은 생활하면서 보완할 수 있지만, 마무리에서 잘못하는 것은 더 이상 보완할 기회가 없다. 그러므로 현재 하고 있는 일에서 최선을 다하여, 좋은 결과를 가지고 나와야 한다. 앞에서 말했던 바, 마지막으로 허술하게 지은 집이 자기 집이 되었던 그 목수처럼 되어선 안 될 것이다. 마무리가 아쉬운 사람은 오랫동안 직장에서 생활했던 그 모든 일들이 가치 없게 폄하될 수 있다. 따라서 회사를 그만두는 최후의 순간까지 회사를 위해, 자신을 위해 헌신하고 최선을 다해야 한다. 혹자는 끝내는 마당에 무엇이 좋아서 열심히 헌신하고 최선을 다하느냐고 물을지도 모른다. 하지만 그것은 나 자신을 위해서다. 나의 열정의 에너지가 한 순간 단절되고 식어져서, 다시 꽃피우기에는 너무 힘든 시간이 되지 않기 위해서다. 직장생활의 마무리를 스스로 보람되게 만들기 위해서라도 끝까지 최선을 다하고 마치기 바란다.

· FACT 7 ·

경영 經營

인생의 20년 후를 내다보다

아무리 어려운 상황에 부닥쳐 있어도
자신의 특기를 살려 자기에게 유리한 판을 만들어 내는 것은
매우 탁월한 능력이다. 회사에서도 이렇게 자기가 잘하는 일로
유리한 조건을 만들어 성과를 내는 것이 필요하다.

부서를 옮길 때,
반드시 준비해야 할 7가지

● 회사에서는 누구나 일정한 기간이 지나거나 특별한 팀을 만들 때, 혹은 승진 등 다양한 이유로 부서를 옮긴다. 그러면 아직 부서가 익숙지도 않고 업무도 제대로 파악하지 못했지만, 짧은 시간 내에 성과를 내어 인정을 받아야 한다. 그러려면 각별한 노력이 필요한데, 그중 하나가 부서이동 전에 새로운 업무를 미리 준비해놓는 것이다.

부서를 옮겨 단기간에 새로운 환경에 적응한다는 것은 쉬운 일이 아니다. 그래도 회사 내에 있는 부서면 근무 여건이라도 비슷하겠지만, 지역마저 다른 곳으로 이동하게 되면 업무뿐 아니라 생활환경 자체가 변하기 때문에 적응하기까지 상당한 스트레스를 받아야 한다.

회사에서 부서를 옮기는 것은 본인이 원하는 경우보다 부득이하게 이루어지는 경우가 더 많다. 과거 군 생활을 하던 동안에는 대체로 일 년에서 이 년에 한 번씩은 옮겼다. 부서이동이나 자리를 옮기는 시기는 대부분 연말에 집중되어 있다. 그런데 평정(고가평가) 작성은 지금은 봄과 가을 연 2회 이루어지지만, 당시에는 매년 3월을 기점으로 1년에 한 번 이루어졌다. 이것은 연말에 자리를 이동하여 3월까지 두 달 동안 발휘한 업무성과를 가지고 1년을 평가받는다는 의미이다. 결국 짧은 시간 함께 근무한 상급자에게 평가를 받는 것이기 때문에, 기존에 함께 근무하던 사람들에 비해 상당히 불리한 위치에 있게 된다. 따라서 두 달 이내에 자신이 어떤 능력과 열정을 가지고 생활하는지를 보여주어야 한다. 이런 경우, 부서를 옮기기 전에 창의적인 일을 미리 준비하면 변경된 부서에서도 능력과 자질을 인정받으면서 생활하는 데 도움이 된다.

다음은 회사에서 부서를 옮길 때 반드시 준비 또는 확인해야 할 7가지 사항이다.

첫째, 지금 있는 부서에서 하던 일을 끝까지 최선을 다하여 마무리하라. 이동 시기가 되면 기존에 추진하던 일을 대충 하여 다음 사람에게 넘겨주는 이들이 종종 있다. 하지만 부서의 이동이 회사 내에서 이루어진다면, 그전에 일하던 부서에서 대충 마무리하고 떠났다는 사실이 알려지는 건 시간문제이다. 이전 부서원들은 대충 일하고 떠난 사람의 일을 떠맡아야 하며, 그 일을 떠맡은 부서원은 갑작스럽게 주어진 새로운 업무에 대해 제대로 성과를 내지 못하게 된다. 따라서 부서를 떠나기 전에 자신이 추진하던 업무의 전반적인 사항과 핵심 업무에 대한 수행 요령을 준비해 놓아야 한다. 후임자가 있다면 곧바로 인수인계해 주는 게 좋다. 그래야 회사의 업무가 중단 없이 연속적으로 이루어질 수 있다. 하지만 아직 후임자가 정해지지 않았다면, 업무 인수인계서를 아주 구체적으로 작성해놓아라. 자신이 수행한 업무를 하나씩 작성하되, 주요업무, 수행요령, 관련 부서, 제한사항이나 특이사항 등 제반 관련 내용을 구체적으로 작성한다. 특히 수행요령은 세부적으로 업무를 처리하는 절차이다. 이것을 잘 작성하여, 후임자가 직접 인수인계를 받지 않아도 업무 수행에 아무런 차질이 없도록 조처해 놓아야 한다. 이렇게 정리하고 가면 이동한 부서에서도 일 잘하는 사람이 왔다고 좋아한다. 업무인계는 최대한 자세하게 하라. 대충 정리하고 가면, 회사 내에서 부정적인 소문이 퍼지는 건 시간문제이다.

둘째, 기존에 근무하던 동료나 부서원들과 마음으로 잘 마무리하고 이동하라. 열 명의 친한 친구보다 한 명의 적을 만들지 말라고 했다. 불편한 사람이 있었다면 어떻게든 서로 마음의 갈등을 풀고 이동하는 것이 좋다. 결코 해결될 수 없는 앙금이 있는 사이라면 모르겠지만, 대부분 그 정도는 아닐 것이다. 내가 잘해서 앙금을 풀 수만 있다면, 최대한 관계를 정리하여 뒤에서 욕은 하지 않게 해야 한다.

셋째, 이동 전에 자신의 문서나 컴퓨터에 보안 관련 문제가 없도록 철저하게 확인하라. 어느 회사나 조직이든 보안 관련 문제는 생존이 달려 있다고 해도 과언이 아니다. 내부적인 것이든 외부적인 것이든, 부서를 옮기기 전에 자신이 수행하던 업무에 대한 보안 사항들을 철저하게 정리하고, 후임자 혹은 동료들에게 정확하게 인수인계해야 한다.

넷째, 이동할 부서의 업무, 특히 핵심 업무를 사전에 확인하라. 하지만 그 부서에 근무하는 사람에게 노골적으로 물어보는 것은 좋지 않다. 현재 있는 부서의 동료들에게는 이제 다른 곳으로 간다고 기존의 업무를 등한시하는 모습으로 보일 수도 있고, 이동할 부서의 동료들에게는 오기도 전에 자기 일은 안 하고 설친다고 오해를 살 수도 있다. 따라서 업무와 핵심 업무의 파악은 조용히 하는 게 좋다. 회사의 전산망이나 각종 자료를 통하여 간접적으로 확인하라.

다섯째, 관련 규정과 관련 부서를 확인하라. 당장 업무를 수행해야 할 부서에서 관련 규정이나 법적인 문제를 고려하지 않으면 나중에 문제가 매우 심각해질 수 있다. 또 관련 규정을 알아야 규정된 범위 내에서 업무를 추진할 수 있다.

여섯째, 사람에 대한 부정적인 선입관을 갖지 마라. 모든 사람은 상대에 따라 다르게 행동한다. 좋은 사람과 대화할 때는 좋은 에너지가 나오지만, 부정적인 사람과 있을 때는 왠지 모를 부정적인 에너지가 나온다. 새롭게 이동하는 부서에 가면 특정 사람을 가리켜 가까이하지 말라는 등 불편하게 이야기하는 사람이 종종 있다. 그러나 선입견을 품지는 마라. 이전 사람과 불편한 관계를 맺었다고 해서 꼭 나와도 불편한 관계가 되는 것은 아니다. 이런 동료에게는 조금만 따뜻하게 대해줘도 나와 편하게 지낼 수 있는 기회가 더욱더 많다.

일곱째, 새로운 부서에 대한 업무파악을 기초로, 자신이 이동하면 창의적으로 수행할 업무를 20가지 이상은 구상해 놓으라. 그중에는 현실과 맞지 않는 것도 있을 수 있으니, 사전에 많이 준비해 가는 게 좋다. 자신에 대한 평가가 언제 이루어질지 모르지만, 가능하면 초창기에 강한 인상을 심어주도록 하라. 자신이 어떤 존재이며, 어떻게 일하는지를 잘 드러내라는 말이다. 창의적으로 추진해야 할 일을 미리 준비하여 간다면, 짧은 시간에 자신을 드러내고 긍정적으로 평가하는 데 분명 도움이 될 것이다.

새로운 곳에 가면 사람들은 당신의 업무능력을 보고 싶어 한다. 따라서 당신이 창의적인 업무를 만들어 추진한다면 효과는 매우 크게 나타날 것이다. 짧은 시간에 당신이 어떤 사람인지 상급자에게 보여줄 수 있으며, 무엇보다 당신이 그 부서에 꼭 필요한 사람이라는 사실을 팀원들에게 인식시켜줄 것이다. 이처럼 미리 준비하는 약간의 노력은 당신이 꿈과 목표를 이루는 길로 나아가는 중요한 이정표가 되어줄 것이다.

● 선승구전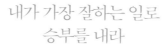先勝求戰은 "이겨놓고 싸운다"는 말로, 『손자병법』에 나오는 최고의 전략이다.

"전쟁을 잘하는 이는 패하지 않을 상황을 조성한 후에 적이 패할 틈을 놓치지 않는다. 이런 까닭에 이기는 군대는 먼저 이겨놓고 싸움을 걸고, 지는 군대는 먼저 싸움을 건 뒤 이기려고 한다."

이 말에 따르면, 전쟁을 잘하는 이는 어려운 상황에서 악전고투를 거듭하면서 승리를 쟁취하는 사람이 아니다. 이길만한 상황을 먼저 만들어놓고 싸우는 사람이 명장이다.

이순신 장군은 임진왜란 중 23전 23승으로, 단 한 번도 패하지 않았다. 그 비결은 이길 수밖에 없는 지형으로 적을 유인하거나, 그런 상황을 만들어 놓고 자신이 유리한 곳에서 싸웠기 때문이다. 더구나 전력도 열세하고, 조정의 지원도 받지 못하며, 심지어 조정으로부터 생명의 위협을 느끼는 불리한 상황에서 전승의 기록을 세운 것이기에 장군의 능력은 더욱 빛난다. 이순신 장군이 승리한 요인에는 몇 가지가 있다. 우선 문무를 겸비하여 병서를 읽고 작전계획을 수립하면서 전쟁을 준비하였다. 그리고 조선 수군과 왜군 무기의 장단점을 정확히 파악하고 대비하였다. 조선군 무기인 화포와 활 중에서 화포의 장점을 살려, 왜군의 조총 사거리 밖에서 대포를 동원한 전투를 펼쳤다. 또한 왜선은 빠르기는 하지만 충돌에 약한 점을 활용하여, 조선 수군의 거북선이나 판옥선으로 왜선을 충돌하여 침몰시켰다. 그리고 지형지물을 최대한 이용한 점 등 여러 가지 승리의 요인이 있었다. 결과적으로, 조선 수군의 전력이 왜군에 비해 열세였지만 조선 수군의 강점을 잘 살려 전승을 거둘 수 있었다.

아무리 어려운 상황에 부닥쳐 있어도 자신의 특기를 살려 자기에게 유리한 판을 만들어 내는 것은 매우 탁월한 능력이다. 회사에서도 이렇게 자기가 잘하는 일로 유리한 조건을 만들어 성과를 내는 것이 필요하다. 이것이 습관이 된 사람은 승리에 익숙해진다. 자기가 가장 잘하는 일로 승부를 내는 사람은 끊임없이 잘하는 일을 만들어 내고, 그것을 회사에 적용하고 또 승리한다. 그러나 매번 똑같은 방법을 사용하지는 않는다. 상황에 따라서 끊임없이 검토하고 연구하고 문제점을 찾아 해결한 이후에 적용한다. 이순신 장군이 23전 23승 하는 동안 한 번도 같은 장소나 같은 방법을 사용하지 않은 것과 같다.

그러나 이러한 능력이 자연발생적으로 만들어지는 것은 아니다. 어떤 분야에서 자기가 잘하는 것으로 능력을 발휘하는 사람은 계속 그렇게 능력을 발휘하면 된다. 하지만 자신의 능력을 발휘하지 못하는 사람은 무엇이 문제인지를 식별하고, 그 속에 가지고 있는 문제점을 스스로 제거해야 한다. 자신이 승진하는 데 장애가 되는 요소가 무엇인지 생각해 보라. 상사와의 의사소통이 문제라면 의사소통이라는 장애물을 제거해야 한다. 일하는 방식이 문제라면 상사의 요구 수준 이상으로 일해야 한다.

회사생활을 하다 보면 특정한 업무 영역에서 자기만의 장점이 드러나는 경우가 많다. 나는 주로 기획 분야에서 업무를 해서 그런지, 상사에게 지시받아 일하기보다는 스스로 일을 만들어 추진하는 걸 즐겼다. 일을 만들고 나면 전문가들의 조언을 받아 회사에 적용하는 방법을 구상하고, 추진 방향을 검토하여 계획을 수립했다. 대부분 처음 시도하는 일, 새로운 방향의 일을 추진하다 보니 제한 사항도 많았다. 예산 확보를 위해 관련 기관이나 부서와도 협조해야 했다. 일을 성과 있게 완성하려다 보니 힘든 면도 있었지만, 새로운 일에 대한 기대와 사명감으로 즐겁게 추진했다. 스스로 일을 만들어 추진하다 보니 잘하고 싶은 욕심도 많이 생기고, 장애 요인들도 많이 마주쳤다. 돌이켜보면, 개인적인 시간도 없이 밤낮 업무에만 파묻혀 생활하던 날들이었다. 주변에서는 이런 모습을 보면서 언제나 열정적이라고 평가해 주었다. 아무튼, 개인적인 시간을 많이 갖지는 못했지만, 이렇게 함으로써 원하는 승진도 하게 됐고, 나름대로 꿈을 이루었다고 자부한다. 꿈은 결코 노력 없이 이루어지는 것이 아니었다.

특정한 분야에서 자기만의 전문성을 갖는 것은 매우 중요하다. 이것이 바로 자기가 가장 잘하는 일이기 때문이다. 처음 하는 일, 특히 남들이 힘들다고 꺼리는 일이라면 더욱더 추진해보라. 이렇게 하면 늘 최초라는 수식어가 따라다니며, 자기중심으로 새로운 판을 짜게 된다. 그러면 그것은 자기가 가장 잘하는 일이 된다. 꿈을 이루고 싶으면 일상적으로 이루어지는 일보다는 창의적인 일, 회사에 영향이 크게 미칠 수 있는 새로운 업무를 찾아 추진하도록 노력하라. 남들과 똑같이 가면서 자신의 꿈을 이룰 수는 없다. 물론 어려울 수도 있다. 하지만 쉬운 일만 계속하면 되겠는가? 어려운 일을 혼신의 노력을 다해 추진해야 자신의 가치가 올라가는 것이다. 그렇게 하면, 설령 성공하지 못한다 해도 새로운 영역에서 자신이 가장 권위자가 된다. 이렇게 자신이 잘하는 분야, 그것도 가능한 한 처음 시도하는 일로 전문성을 키워야 한다. 전문성은 한순간 얻어지는 것이 아니다. 꾸준하게 지속해서 노력해야 얻어지는 것이다.

『뜨거워야 움직이고 미쳐야 내 것이 된다』에서 김병완은 말한다. "모든 사람이 후회하는 삶을 살게 되는 진정한 이유는 자신이 충분한 재능을 가지고 있지 않거나 시간이 충분하지 않아서가 아니라, 강점을 발견하지 못했기 때문이다. 피로나 스트레스는 그 일에 강점을 갖고 있지 않은 사람들에게 자주 찾아온다. 의지력만으로 그것을 극복하는 데에는 한계가 있다. 그들이 탈진하고 의기소침해지는 것은 시간문제일 뿐이다. 언젠가는 '이제 더 이상 버틸 수 없어'라는 말을 내뱉고 만다. 하지만 어떤 일에 진정한 강점을 가진 사람은 쉽게 지치려 하지 않는다. 자기가 가장 잘하는 강점을 가진 사람은 성장이나 성과를 내는 속도가 남다르게 빠르다. 따라서 성공의 첫걸음은 자신의 강점을 발견하고 그것을 잘 활용하는 것이다."

  만약 자신에게 특별히 잘하는 게 없다면, 다른 방법을 찾아야 한다. 그 중 가장 확실한 방법이 있으니, 그것은 바로 '잘하는 사람을 따라 하는 것'이다. 팀에서 가장 잘하는 사람을 따라 해도 좋고, 자신이 정한 롤 모델을 따라 해도 좋다. 따라 할 때는 눈치를 보거나 쑥스러워하지 말고 철저하게 따라 하라. 다만, 자신이 정한 벤치마킹 대상이 최상의 대상인지 잘 가려야 한다. 따라한답시고 엉뚱한 사람을 따라하면 큰일 난다. 만약 따라하고 싶은 선배 중에 조직이나 윗사람을 깎아내리는 사람이 있다면 주의하라. 그 선배의 말만 믿고 따라 하다가는 낭패를 볼 수 있기 때문이다. 『프레임』에서 최인철은 "누군가 본받고 싶은 대상이 있다면 그 사람의 전기나 자서전을 읽고 그 사람처럼 되기 위해 의도적으로 노력하고 반복적으로 행동하고 실천하는 것이 필요하다."고 했다. 만약 당신이 사장이 되고 싶다면 사장과 똑같이 생각하고 행동하는 것을 의도적으로 반복하면 된다. 무엇을 원하든, 잘 모르면 잘하는 사람에게 도움을 청하고 배워라. 배우는 것은 부끄러운 일이 아니다. 잘하는 사람을 따라 하다 보면 자기도 모르는 사이에 그 분야에 우뚝 서게 된다.

  자신이 가장 잘하는 일로 유리한 판을 만들고 지속해서 성과를 내는 것은 중요하다. 이것은 한 분야의 전문성을 갖추고 다른 사람들이 잘 시도하지 않는 것이어야 더욱 효과가 크다. 전문성을 갖기 위해서는 창의성이 필요하다. 처음 시도하는 것이나, 새로운 방법을 사용하여 추진하는 것이라면 자신의 존재감을 더욱 두드러지게 할 수 있다. 이렇게 자신이 잘하는 분야를 끊임없이 개척하고 발전시켜 나가면서 회사에 크게 기여하고 있다면, 당신은 선승구전先勝求戰의 전략을 실천하는 것이다. 자신이 가장 잘하는 것을 개발하라. 그것이 없다면 그 분야에 가장 잘하는 사람을 롤 모델로 선정하여, 의도적으로 노력하고, 끊임없이 반복적으로 행동하고 실천하라. 그러면 어느 순간 당신은 회사의 중요한 자리에 우뚝 서 있게 될 것이다.

잠깐 같이할 사람과
오래 같이할 사람을 구분하라

● 직장생활에서 이직이 잦은 사람은 대부분 티가 난다. 현재 생활에서 마음이 떠나 집중하지 못하기 때문이다. 그렇다고 이직이 마음먹은 대로 쉽게 되는 것도 아니다. 만약 "현재 직장보다 다음 직장에서 열심히 해야지." 하는 생각이 있다면, 지금 당장 그 생각을 버리고 현재 생활에 최선을 다하기 바란다. 그런 생각으로 생활한 사람은 새로운 직장에 출근하기도 전에 이전 직장에서의 생활이 다 알려진다. 좋은 행동과 태도는 늦게 알려져도 좋지 못한 행동과 태도는 쉽게 알려지는 법이다.

도산 안창호 선생이 1925년 〈동아일보〉에 연재한 "주인인가, 나그네인가?"라는 글을 보면, 이런 말이 있다. "묻노니 여러분이시여, 오늘 대한 사회에 주인 되는 이가 얼마나 됩니까? 대한 사람은 물론 다 대한 사회의 주인인데 주인이 얼마나 되는가 하고 묻는 것이 한 이상스러운 말씀과 같습니다. 그러나 대한인이 된 자는 누구든지 명의상 주인은 다 될 것이되 실상 주인다운 주인은 얼마나 되는지 알 수 없습니다. 어느 집이든지 주인이 없으면 그 집이 무너지거나 그렇지 않으면 다른 사람이 그 집을 점령하고 어느 민족 사회든지 그 사회에 주인이 없으면 그 사회는 망하고 그 민족이 누릴 권리를 딴 사람이 취하게 됩니다. 그러므로 우리는 우리 민족의 장래를 위하여 생각할 때에 먼저 우리 민족 사회에 주인이 있는가 없는가, 있다 하면 얼마나 되는가 하는 것을 생각지 아니할 수 없고 살피지 않을 수 없습니다. 나로부터 여러분은 각각 우리의 목적이 이 민족 사회에 참 주인인가 아닌가를 물어볼 필요가 있습니다. 주인이 아니면 나그네인데 주인과 나그네를 무엇으로 구별합니까? 그 민족 사회에 대하여 스스로 책임심이 있는 자는 주인이요, 책임심이 없는 자는 나그네입니다. (이하 생략)"

회사에서도 마찬가지다. 주인으로 생활하는 직원과 나그네로 생활하는 직원은 다르다. 스스로 책임감이 있는 직원은 주인이요, 책임감이 없는 직원은 나그네이다. 회사는 자기의 책임을 다하면서 오랫동안 함께 생활할 직원을 필요로 한다. 책임감 없이 눈치나 보면서 언제 떠날지도 모르는 직원에게 중요한 역할이나 직위를 줄 회사는 없다. 자신이 존중받고 싶고 중요한 역할을 하고 싶다면, 주인의식을 가지고 오랫동안 근무할 것이라는 믿음을 주면서 자신의 역할과 책임을 다해야 한다.

회사에서 잠깐 같이할 사람은 일희일비하는 경향이 있다. 좋을 때는 함께하는 것 같지만 회사가 힘들 때나 자기가 원하는 것이 이루어지지 않을 때는 쉽게 비난하거나 그만두겠다는 말을 한다. 사실은 일하는 태도나 표정에서 이미 마음이 떠나 있음을 알 수 있다. 그런 사람은 어려운 일이 있으면 쉽게 포기한다. 회사는 내 것이 아니라 내가 잠시 머무르는 장소일 뿐이다. 하지만 오래 같이할 사람은 절대 포기하지 않는다. 어떻게든 가능한 방법을 찾고, 기회를 포착하고자 노력한다. 이들은 '모든 일이 끝날 때까지 끝난 것이 아닌 열정과 체력, 그리고 정신력과 업무능력'을 가지고 있다.

직장에서 생활하는 모습을 보면, 자신이 어느 위치에 있든지 주어진 일에 최선을 다하는 직원이 있다. 승진대상자든 아니면 승진할 수 있는 기회가 끝나 정년이나 퇴임을 기다리는 자든, 자신의 상황과 관계없이 일에 보람을 느끼며 끝까지 최선을 다한다. 이런 아름다운 직장인의 모습을 보면 닮고 싶은 마음이 든다. 그렇게 생활할 수 있다는 것은 결국 회사에서 살아온 삶에 감사함을 느끼며, 잘 살아왔다는 증거가 된다. 이렇게 끝까지 최선을 다하는 직원들은 무슨 일을 해도 적응을 잘한다. 반면, 직장에서 아직 정년이나 퇴임이 많이 남아있고 한창 일할 나이임에도 최선을 다하지 않는 직원들은 말 한마디 충고하기도 겁난다. SNS나 혹은 다른 경로를 통해 나에게 어떻게 영향을 끼칠지 모르기 때문이다. 나아가 맡은 일에는 적극적이지 않으면서 조직이나 상사에 대한 불만만 표출하는 직원들이 있다. 직장에서 오래 함께하고 싶지 않을만한 난감한 직원들이 많다. 일을 시키려니 결과가 불을 보듯 뻔하고, 그렇다고 특별한 일을 하지 않는데 가만히 두기도 어려운 사람들 말이다.

이런 부하직원에게는 상사나 팀원으로서 언행을 더욱 조심해야 한다. 오래 같이 근무하지 못할 유형의 직원 중에는 상사나 주변에서 일어나는 일들을 수집하여 자기만의 자료에 보관하는 이들이 종종 있다. 이런 직원은 자기가 불편하거나 불리한 대접을 받는다고 생각하면 이런 자료를 이용하여 당사자를 곤경에 빠뜨리기도 한다. 상급자나 동료 입장에서는 자신은 문제가 없다고 생각할 수도 있겠지만, 자기도 모르게 수집되는 자료가 어떤 형태로 가공되는지는 당사자만 알기 때문에 장담할 수 없다.

나도 회사생활 하면서 부하직원이 민원을 제기하여 마음고생 하며 힘들어한 적이 있었다. 일단 민원이 제기되면, 제기한 당사자는 아무리 본인이 원인 제공자라 해도 일방적인 피해자가 되고, 민원에 거론된 사람은 그냥 죄인이 된다. 조사가 진행되면 어떻게 하든 문제를 찾아내야 하므로, 민원제기 내용과 관련 없는 모든 신상털이가 이루어진다. 이때 잡히는 꼬투리는 상식적으로 아무리 납득이 되지 않아도, 법적으로는 문제가 될 수 있기 때문에 울며 겨자 먹기 식으로 당하고 만다. 민원이 제기되어도 자신은 문제가 없다고 생각하는 사람을 무조건 대변하려는 것은 아니지만, 결과적으로 보면 그 사람만 다치게 된다.

회사에서 생활하는 모습을 보면 오랫동안 함께할 직원인지 아닌지를 나름대로 느낄 수 있다. 오랫동안 함께 근무할 직원의 유형이 아니라고 평가되면, 그 사람이 추진하는 일이 당장 처리해야 할 일이 아니라면 기다려줘라. 특히 이렇다 저렇다 하면서 관여하는 건 더더욱 하지 말아야 한다. 일반적인 관계를 유지하되, 퇴사든 자리 이동이든 요구하지 마라. 스스로 나가도록 기다려야 한다. 그 순간을 기다리지 못하고 관계가 불편해지면, 다른 형태로라도 본인에게 불편한 일이 발생할 수 있다. 이런 경우라도 팀은 제대로 일을 처리하면서 성과를 내야 하는 것이 당연하다. 그러나 성과를 내기도 전에 민원 등 불필요한 일에 휩싸이면, 추진하는 일도 진행하지 못하면서 팀원들만 조사받으러 다니는 불편한 상황이 발생하게 된다. 그러면 팀이 지금까지 쌓아온 노력과 성과는 보잘것없는 물거품이 되고 마는 것이다. 이런 경우에는 회사도 도움을 주지 못한다. 온전히 자신의 몫으로 남기 때문에 마음 떠난 사람, 오래 함께하지 못할 사람에게는 아무것도 요구하지 말고, 시간이 해결해 주길 지켜보는 것이 좋다.

어느 조직이든 잠깐 같이 근무할 직원에게 중요한 일을 맡기지는 않는다. 중요한 역할을 하지 못하는 사람이 갑자기 중요한 업무에 발탁되어 탁월한 능력을 발휘하는 경우도 없다. 아니 중요한 업무 근처에 가지도 못한다. 직장을 자주 옮겨 다니는 것은 회사 입장에서 좋게 평가할 만한 일이 아니다. 회사는 직원들에게 일을 잘하도록 가르치나, 능력이 숙달됐다고 다른 곳으로 쉬 옮길 직원에게는 아낌없이 베풀지 않는다. 상사나 동료 입장에서도 이들에게는 언행을 조심해야 한다는 선입견을 품게 된다. 떠날 직원에게 마음을 터놓고 대화하기도 어렵다.

회사에서 생활하는 사람이라면 언젠가는 직장을 옮기거나 퇴직한다. 그중에는 직장을 자주 옮기는 직원도 있지만, 한 직장에서 오래 근무하면서 전문성을 기르고 안정적인 생활 여건을 만들고자 노력하는 직원들도 많다. 이들 중에는 회사에서 임원 이상의 꿈과 목표를 가지고 모든 순간 최선을 다하는 직원도 있다. 회사는 주인 정신과 진정성을 가지고 오랫동안 생활하고자 하는 직원과 함께하길 원한다. 그리고 이들에게 더 많은 기회를 주며, 함께 발전해 나가고 싶어 한다.

나를 도와줄
전문가 그룹을 만들어라

● 자기 분야에서 최고의 성과를 내고 싶으면 그 분야의 전문가들과 의논하거나 조언을 구할 필요가 있다. 추진하고 있는 일도 직접 상사를 설득하기보다는 전문가의 의견을 통해 말하는 것이 좋다. 전문가가 현장에서 한마디 해준다면 더욱 설득력이 있을 것이다. 그렇다고 그것이 전문가의 성과가 되는 것은 아니니 걱정하지 마라. 오히려 그런 전문가를 활용할 줄 아는 게 큰 능력인 것이다. 만약 전문가를 찾기가 어렵다면, 다른 사람의 연구와 경험을 학습하는 것도 좋다. 그렇게라도 방법과 해법을 찾아야 한다.

상사들은 부하직원이 기획하고 준비한 일이라면 왠지 모르게 깎아내리는 경향이 있다. 이런 경우, 담당자가 아무리 논리적으로 설명을 해도 상사가 색안경을 끼고 본다면 일의 추진은 어렵고 늦어진다. 그런데 똑같은 내용을 준비하면서도 "특정 분야의 전문가인 A 교수나 B 대표를 만나 자문을 구해보니, 이러한 분야까지 적용된다면 좋은 결과를 거둘 수 있을 것이라고 의견을 수렴하였다."라고 보고하면, 상사도 특별한 문제를 제기하지 않는 경우가 많다. 왜냐하면 아무리 상사라도 외부의 전문가와 담당 부하직원만큼은 그 분야에 고민하지 않았기 때문이다.

상사들이 전문가의 의견을 신뢰하는 이유는 자신도 자신의 상사를 설득해야 하기 때문이다. 그 때문에 담당자는 업무에 대한 시행착오를 방지하고 권위와 전문성을 인정받기 위해 그 분야를 도와주거나 최소한 조언을 해줄 전문가 그룹을 만드는 게 좋다. 특히 회사에서 비중을 크게 두는 일은 더욱 그렇게 추진해야 한다. 하지만 맹신하지는 마라. 어차피 훈수 두는 사람과 직접 경기를 하는 사람은 다르다. 아무리 전문가라도 조직 내부의 사정과 문화를 알 수는 없다. 그들은 훈수를 두는 것이지 책임을 지는 것이 아니다. 전문가가 훈수를 두어도 일을 결정하고 추진하고 책임지는 것은 경기를 하는 담당자나 조직 내에서 함께하는 사람이다.

운이 좋게도 나는 군 생활을 하면서 민간 기업이나 단체와 함께 프로젝트를 진행했었고, 주요 축제의 기획단장을 해보았다. 그중에 대표적인 것이 컴퓨터 프로그램을 이용하여 훈련하는 워게임 모델 개발 사업과 주요장비 운용을 훈련하는 시뮬레이터 개발 사업이었는데, 이를 위해 약 5년간 학교기관과 협력하였다. 하지만 처음 워게임 모델 개발 시에는 전문가 그룹을 통한 자문이라는 것은 생각지도 못했다. 2년 이상을 운영하는 부대나 기관을 찾아가 개발 및 관리, 절차와 방법 등 제반 분야를 배우면서 해야 했기 때문에, 어렵게 따라가기만 했을 뿐이다. 회사 개발자들과 밤낮없이 매달리다 보니 사업은 성공적으로 끝냈지만, 개발 과정을 돌이켜보면 하루하루가 잠자는 시간과의 싸움이었다. 하지만 훈련용 시뮬레이터를 개발할 때는 그렇게 힘들지 않았다. 한 번 호된 경험을 하고 나니, 오히려 여유가 있을 정도였다.

이때 나는 확실하게 깨달았다. 어려움이나 난이도가 큰 프로젝트를 준비과정부터 종결까지 책임자로 일해 본 경험은 단순히 업무능력을 향상시켜준 정도가 아니었다. 앞으로 어떤 일도 해낼 수 있다는 자신감과 더불어 능력이 비약적으로 발전된 것이다. 어떤 일을 하든, 일의 종류와 내용은 달라도 추진하는 프로세스는 비슷하기 때문에 자신만의 업무프로세스를 가지고 있으면 문제 될 것이 없다.

그 이후로 나는 외부의 전문가 그룹을 효과적으로 활용하였다. 육군본부에 근무할 당시 주요하게 추진한 사업이 몇 개 있었는데, 그중 하나가 간부 교육용 〈능력육성 상담교육〉 프로그램 개발사업이었다. 대학의 상담교수 10명과 연계하여 약 4개월간 추진하였다. 초급 간부들은 상사들로부터는 미숙한 업무능력 때문에 힘들어하고, 부하들로부터는 계급이 낮고 경험이 적어 지휘통솔이 힘든 애로사항이 있다. 이를 고려하여 연간 약 20,000명에게 새로운 역량을 향상시켜 주기 위하여 프로그램을 개발했다. 교육은 전국 산간벽지를 두루 다니며 진행되었고, 약 100명의 교수들이 자원봉사로 참여하였다. 이 프로그램은 초급 간부들이 보다 나은 인식으로 군 생활을 할 수 있도록 기여하였다.

둘째, 〈블루오션 전략〉을 육군에 도입하여, 영관장교 이상 수백 명에게 업무에 적용토록 교육하였다. 나아가 당시 육군수사단과 동원전력실을 대상으로 각각 민간 기업에 의한 '블루오션 전략 컨설팅'을 추진하여, 군의 입장보다는 수요자를 배려할 수 있도록 많은 변화를 일으켰다. 육군본부 주요 부서에 기업이 와서 컨설팅을 한다는 것 자체가 커다란 변화였다.

셋째, 매년 개최되는 육군의 최대 축제인 〈지상군 페스티벌〉 기획단장으로 활동하면서, 학계, 언론, 문화예술, 방송, 공연, 출판, 기획사 등 축제의 분야별로 행사 자문위원단을 구성하여, 매년 100만 명 이상이 관람하는 축제를 2년간 성공적으로 진행했다.

이렇게 전문가 그룹을 구성하면 내부적으로 문제 해결이 용이해진다. 만약 제한사항이 있어도 해결 방향을 찾을 수 있다. 때로는 담당 부하의 많은 설명보다 "전문가의 한 마디"가 더욱 힘이 있고 문제를 해결해주기 때문이다. 전문가 그룹이 있다면 중요한 회의에 참석할 수 있도록 협조해보라. 그러면 어려운 질문을 받거나 난관에 부딪쳐도 일을 순조롭게 처리할 수 있는 좋은 해결책이 될 수 있다.

전옥표의 『이기는 습관』에 보면 이런 사례가 있다. 한 소년이 아빠와 함께 정원을 손질하던 중, 잔디밭 한가운데에서 커다란 돌을 발견했다고 한다. 소년이 돌을 치우려고 낑낑대자, 아빠는 '네가 할 수 있는 모든 방법'을 동원해서 치워보라고 조언했다. 소년은 더 열심히 돌을 움직여보려고 애썼으나, 되지 않았다. 그러자 소년의 아빠가 이렇게 말했다고 한다. "너는 네 옆에 내가 이렇게 서 있다는 것을 잊고 있더구나. 나는 언제든지 너를 도와줄 준비가 되어 있는데, 나에게 도움을 구할 생각조차 하지 않더구나."

이처럼, 부하직원이 업무에 힘들어하는 것을 보면 가끔 안타까울 때가 있다. 잘 모르는 분야에 대해선 조언을 구하면 되는데, 혼자서 해결하려고만 하는 것이다. 좋게 말하면 주도적이고 책임감이 강하다고도 할 수도 있겠으나, 진정한 책임감은 자신이 얻을 수 있는 모든 정당한 수단을 동원하여 최선의 방법을 찾고, 최고의 결과를 만들어 내는 것이다. 자신이 해결책을 찾지 못해 힘들어하는 문제가 누군가의 힌트 하나로 너무나 손쉽게 해결될 수도 있기 때문이다.

세상에 결코 바뀔 수 없는 불변의 진리가 있다고 한다. 그것은 바로 "젊은 사람을 이기려 하지 말라."는 것이다. 어른들은 이미 지나온 세대이며, 젊은이들이 미래를 이끌어갈 주역이기 때문이다. 문제는 어른들은 젊은이를 가르치려고만 하고 젊은이들은 별로 듣고 싶어 하지 않는다는 것이다. 어른들은 자신이 먼저 살아온 경험을 주입하려고 한다. 현재의 어른들은 젊은이들의 문화를 모르고, 그들의 언어, 그들이 생각하고 행동하는 방법을 모른다. 세상은 젊은이들에 의해 변해가고 있는데, 어른들이 과거의 경험으로만 말하거나 강요하다 보니 결국 '꼰대의 잔소리'가 되어 소통이 되지 않는 것이다.

그렇다면 어른들은 젊은이들이 하는 것을 모른척하며 가만히 놔둬야 하는가? 그렇지 않다. 젊은이들이 그들의 세상을 만들기 위해 좌절도 하고 시행착오도 하면서 힘들게 방법을 찾을 때까지 지켜보는 것이다. 그리하여 젊은이들이 아무리 해도 방법을 찾지 못하겠다고 어른들에게 도움을 요청할 때, 그때 도와주면 된다. 하지만 그때도 가르치려 하지 말고 "이렇게도 해보라."고 넌지시 '훈수'를 두는 게 좋다. 즉, 방향성만 제시하는 것이다. 그렇게 젊은이들이 하고자 하는 의지나 열정을 꺾지 않으면서도 그들이 꼭 필요로 할 때 넌지시 방향을 제시해 준다면 존중받는 어른이 될 수 있다. 그러니 어른들은 미래의 주역인 젊은이들에게 '꼰대'가 되지 말고, 방향을 알려주는 '훈수'를 두도록 노력해야 할 것이다. 그것이 그들과 소통하는 방법이다.

갈수록 업무의 영역이 세분되는 현실에서 모든 분야를 전문적으로 알고 추진하기는 어렵다. 일에 대한 능력이 부족하거나 융합되는 분야에 대한 지식이 부족하다면, 이렇게 전문가 그룹의 의견을 받아서라도 시행착오를 줄이고 권위와 전문성을 인정받는 것이 중요하다. 하지만 외부 전문가를 활용하는 것보다 중요한 것은 자기 자신이 특정 분야의 전문가가 되는 것이다. 자기 분야에서 오랫동안 해온 일이 매우 난이도가 높고 부가가치를 많이 창출하는 일이라면, 그가 곧 전문가인 것이다.

스트레스 관리가
승진의 가장 중요한 포인트

   ● 꿈을 향해 가는 길에는 예상치 않은 복병들이 나타난다. 그중에 조금만 방심하면 모든 것을 어렵게 하는 것이 있으니, 바로 건강 문제이다. 특히 몸과 마음을 가장 힘들게 하는 것이 스트레스인데, 이것은 나이가 많든 적든 누구에게나 찾아온다. 직장생활을 하는 사람의 경우 스트레스 관리는 무척이나 중요한데, 이는 스트레스가 자신뿐만 아니라 타인과의 관계와 일의 성과에도 크게 영향을 끼치기 때문이다. 따라서 개인적으로든 팀으로든 스트레스를 관리하는 자신만의 노하우가 있어야 한다.

  몇 년 전 다른 부서에 근무하던 성실한 직원 하나가 스트레스를 극복하지 못하여 정신병원에 입원한 일이 있었다. 몇 개월 동안 치료를 받고 퇴원하였지만, 원래 부서에 복귀할 여건이 되지 못했는지 다른 지역으로 부서를 옮겼다. 하지만 한 번 힘들었던 마음은 극복하기가 매우 어려웠던 모양이다. 결국 스트레스가 재발하여 재입원하였다가 퇴사하고 말았다. 안타깝지만 이런 경우 힘들었던 모든 것들은 자신만이 감당해야 하는 문제가 된다. 누군가가 힘이 되어주지 못한 것이 안타깝지만, 어쨌든 스스로 스트레스 관리방법을 찾아 해결하지 못한 것이 못내 아쉬웠었다. 스트레스가 심하면 심리적으로 우울한 시간이 많아져 의욕이 감소하고 일의 성과는 점점 낮아지며 무기력해지기 쉽다. 이럴 때 주변 사람들이 눈치채고 도와주면 좋겠지만, 승진이라는 꿈을 동시에 꾸고 있는 사람들에게는 남의 스트레스가 잘 보이지 않는다. 오로지 주어진 일에 대한 결과나 성과만 기다려질 뿐이다. 결국 스트레스 관리는 자기 자신이 해야 한다. 이것에 실패하면 육체적, 정신적으로 힘들어져, 원하지 않는 결과를 가져오게 된다.

나는 나름대로 스트레스를 잘 관리해 오고 있다고 생각한다. 업무에서든 대인관계에서든 내게 스트레스는 사전예방이 우선이다. 스트레스 관리에 지속성을 유지하기 위해 나름대로 매일 시간을 투자하고 있다. 대표적인 것이 땀 흘리기다. 며칠씩 잠을 못 자고 업무에 매달리거나, 몸에 힘이 빠지는 느낌이 들면 제일 먼저 짜증이 나면서 일에 집중이 안 된다. 이때는 가능한 빠른 시간 내에 헬스장에 가거나, 야외의 운동코스를 걷거나 뛴다. 그런데 걷는 것만으로는 스트레스가 잘 해소되지 않는다. 오랜 습관 때문인지 뛰면서 땀을 흘려야 내 몸속에 있는 스트레스와 피로가 다 쏟아져 나오는 느낌이다. 그래서 가능하면 땀을 많이 흘리려고 하지만, 상황이 여의치 못하여 그렇게 하지 못할 때도 있다. 하지만 그래도 운동은 꼭 한다. 땀을 흘리지 않으면 몸과 마음이 개운하지 못한 느낌도 있지만, 그래도 운동을 하고 안 하고는 많은 차이가 난다. 이때 중요한 것은 매일 시간을 정해 운동하는 시간을 확보하고 이를 습관화하는 것이다. 운동을 할 때는 자신에게 맞는 활동적인 종목을 선택하여 꾸준히 하는 것이 중요하다.

내 경우엔 3km를 걷는 것부터 시작했다. 그리고 조금씩 늘려 3개월 후에는 6km를 걸었다. 매일 걷는 습관이 만들어지기까지는 귀찮은 면도 있었지만, 어느 정도 기간이 지나자 자연스럽게 걸어졌다. 이어서 3km를 달리기 시작했다. 처음엔 천천히 달리다가 속도를 내기 시작했다. 앞에서도 말했지만, 나중에는 거리를 늘려 6~8km를 달렸다. 지금은 매주 4회 이상 6km를 걷거나 뛴다. 마라톤 대회에 참석하는 사람들에게는 우스운 거리일지 모르지만, 하루 한 시간도 운동하지 않는 사람에게는 매우 큰 도전일 것이다. 바로 이러한 습관이 중요하다. 처음에는 부담스러웠지만 이젠 걷는 것보다 뛰는 것이 좋다. 그렇게 하는 것이 스트레스를 훨씬 잘 해소해준다. 한때는 스트레스를 술로 달랜 적이 있었다. 술을 먹으면 술기운에 스트레스가 날아간 줄 착각하기도 하지만, 다음날 많이 힘들다. 이것은 뛰는 것과는 비교할 수가 없다.

두 번째는 악기 연주이다. 잘하지는 못하지만, 과거에 클라리넷을 배운 적이 있었다. 혼자 연습하니 그저 몇 곡만 반복적으로 할 뿐이지만, 공연을 하기 위해서가 아니라 나만의 즐거움을 위해서 하는 것이니 크게 의미를 두지는 않는다. 나는 어려서부터 산에 올라 바위에 걸터앉아 단소를 연주하는 것이 로망이었다. 어른이 되면 꼭 해보겠다 생각했다. 군

생활을 하면서 클라리넷을 연습할 기회가 생겼고, 대대장 시절엔 병사들 앞에서 연주하기까지 했다. 대대 유격 훈련 마지막 밤에 포대별로 캠프파이어를 하면서 스트레스를 풀 시간을 주었는데, 그때 나도 포대별로 다니면서 클라리넷을 연주해주었다. 부끄럽지만, 그것이 나의 처음이자 마지막 연주였다. 유격 훈련이 끝나고 소감을 물었을 때, 대대장의 어설픈 클라리넷 연주가 인상 깊었다는 이야기를 많이 들었다. 연주를 잘하지는 못했지만, 그래도 대대장이니까 좋게 평가해 주었으리라.

그다음엔 색소폰과 남도의 소리를 조금 배웠다. 관악기는 가슴속에서부터 뿜어내니 30분 정도면 몸속의 스트레스가 다 빠져나오는 느낌이며, 소리도 뿜어내는 것이니 역시 스트레스가 빠져나갔다. 이밖에도 나에게는 몇 가지 스트레스 해소방법이 더 있다. 중요한 것은 자신만의 스트레스 해소방법을 가져야 한다는 것이다.

다른 부대에서 부장으로 근무할 때는 매일 정해진 시간에 부하들을 강제로라도 뛰게 만들었다. 6km 이상을 뛰었는데, 처음엔 건강을 위해서가 아니라 상사가 시키니 어쩔 수 없이 뛰었을 것이다. 어떻게 하면 빠져볼까 하고 눈치를 보는 부하들도 많았다. 하지만 매일 하다 보니 자연히 적응하게 되었고, 나중에는 그 시간을 기다리는 부하도 있었다.

회사생활을 하면서 매일 정해진 시간을 내기 어렵다면, 생활 속에서 스트레스 해소방법을 찾아야 한다. 우선 하루를 시작하면서 그날 할 일을 차분하게 정리하고 우선순위를 정하는 것이다. 짧은 거리는 걷거나, 여건이 되면 10분 내외로 명상을 하는 것도 마음을 편안하게 하는 데 도움을 준다. 점심시간을 이용하여 10분 정도 낮잠을 자는 것도 좋다. 의자에 앉아 크게 기지개를 켜든지, 창밖의 하늘이나 숲을 바라보면서 긍정적인 생각으로 심호흡을 하는 것도 일시적인 해소에 도움이 된다.

"스트레스가 커질수록 우리는 '할 수 있는 것'과 '원하는 것'을 죄다 섞어서 지금 당장 '해야만 하는' 하나의 커다란 문제로 만들어 버리는 경향이 있다. 그리고 그것이 또 다른 스트레스를 낳는다. (중략) 한 번에 하나씩만 집중하거든. 잡념이 하나도 없어. 아이들은 당장 해야 할 일이 뭔지 알고 그것에만 몰입하기 때문에 결국 차례차례 원하는 걸 얻게 돼. 명심하게, 하나를 선택하면 전부를 얻을 수 있지만, 모두를 선택하면 하나도 얻기 힘들다는 걸. 중요한 목표들 간에 우선순위를 신중하게 고려해서 순서를 정하고 나면 마음이 한결 가벼워질 거야." (『하워드의 선물』 중에서)

스트레스는 직장 내에서의 자존감이나 업무능력, 수행하는 역할 등 자신이 맡은 일로 인해 오는 경우도 있지만, 대부분은 사람과의 관계에서 온다. 특히, 상사와의 관계에서 오는 스트레스가 크다. 이때 스트레스를 견뎌내지 못하고 불편한 언행이나 태도를 보인다면 지금까지 쌓아온 능력과 이미지가 한순간에 무너질 수 있다. 스트레스는 일에 도움이 되는 자극보다는 자신에게 좋지 못한 결과로 다가오는 경우가 대부분이기 때문에, 어떻게든 스스로 관심을 가지고 건강하게 해결해야 한다. 또한 스트레스는 만병의 근원이기 때문에, 스트레스를 받기 전이나 적어도 받는 초기에 관리해야 한다. 사람은 어떤 일을 하든 크고 작은 스트레스가 있다. 적당한 스트레스는 일을 적극적으로 수행하게 하는 자극이 될 수도 있다. 하지만 이것을 제때 정리하고 관리해 주지 못하면 개인과 회사에 나쁜 영향을 미치며, 원하는 성과를 떨어뜨리거나 회사생활 자체를 어렵게 할 수 있다.

　스트레스는 상황에 의해 만들어지는 것이 아니라 그것을 느끼는 반응이다. 결국 스트레스는 자기 자신의 몫이다. 스트레스로 인해 자신도 모르게 회사나 상사에 대해 불평을 하고 남을 원망하기도 하는데, 이것은 회사생활에서 가장 경계해야 할 일이다. 자기관리에 문제가 드러나는 것이기 때문이다. 힘들 때 주변에서 조금은 도와줄 수 있지만, 그것은 대체로 일시적이거나 일회용이다. 자기 스스로 해결방법을 찾아야 한다. 일시적으로라도 일이나 스트레스의 원인에서 벗어나야 한다. 그렇게 육체적으로, 정신적으로 건강을 유지해야 일도 즐겁게 할 수 있고 성과도 높일 수 있다.

· FACT 8 ·

기회|機會

좋은 기회는
오는 게 아니라 찾는 것이다

위기는 누구나 겪는다.
개인도 겪을 수 있고 기업도 겪을 수 있다.
위험하다고 피하기만 하면 일상적인 생활 속에 안전할 수는 있겠지만,
결코 발전하거나 도약하지는 못한다. 평안함에 안주하는 순간
곧바로 위험이 찾아온다.

당신은 유능함을 타고난
사람입니다

● 브라이언 트레이시는 그의 저서 『잠들어 있는 성공 시스템을 깨워라』에서 이렇게 말한다. "지금처럼 성공하는 방법을 알려주는 정보가 넘칠 때도 없지만, 단지 인구의 5%만이 정년퇴직할 때가 되어서야 비로소 경제적 자유를 누린다. 일을 하는 사람들의 80%는 지금 하는 일이 아닌 다른 일을 하고 싶어 하며, 85%는 자신의 능력에 비해서 더 낮은 수준의 일을 한다고 느낀다. 다시 말해, 단지 5%만이 자신의 능력을 충분히 발휘하고 있다고 느낀다는 것이다."

유능한 사람이란 자신이 원하는 상태를 명확하게 알고 그것을 이루기 위해 최적의 행동을 하는 사람이다. 어떤 부대가 훈련하면서 열심히 산에 올랐는데, 막상 올라보니 그 산이 아닌가 보다 하는 결과를 얻었다 치

자. 그 부대는 훈련은 열심히 했지만 유능하다고 인정받지는 못한다. 유능하다는 것은 적극적이고 정확하며 효과적으로 행동하여 원하는 것을 얻는 것이다. 유능한 사람이라면 무엇을 원하는지 무엇을 얻고 싶은지 기준이 있어야 하고, 그에 따라 올바른 행동을 해야 한다. 목표를 설정하고, 그것을 성취할 수 있는 계획을 세워, 꾸준히 실천하여 완수한다.

그렇다면, 원하는 것을 적시에 얻지 못하면 무능한 사람인가? 이런 관점에서 보면 세상은 대부분 무능한 사람들로 가득 차 있다. 대부분의 사람은 원하는 것을 적시에 얻지 못하기 때문이다. 회사에서 프로젝트를 적시에 완수하지 못하거나, 승진을 원하는 시기에 하지 못한 사람은 무능한 사람인가? 물론 개인에 따라 다르게 해석할 수도 있겠지만, 어려운 프로젝트를 적시에 완수하지 못한다고, 원하는 시기에 승진하지 못한다고 무능한 사람으로 치부하지는 않는다. 왜냐하면 다음 기회도 있으니까.

유능함은 당신이 지금 어느 조직에서 누구와 함께 일하느냐에 따라 달라진다. 유능함은 신뢰를 만들어간다. 부하들은 상사가 일을 시킬 때 알고 시키는지 모르고 시키는지 어느 정도 안다. 따라서 상사가 제시하는 업무에 부하들을 적극 동참시키려면 자신이 유능한 상사라는 믿음을 주어야 한다. 마찬가지로 부하 역시 자신이 유능하다는 믿음을 상사에게 주어야 한다. 부서에 몇 명이 있어도 상사는 업무를 균등하게 지시하지 않는다. 한마디를 하면 열 마디를 알아듣고 성과 있게 추진하는 부하도 있지만, 일을 시키면 믿음이 부족하여 진행과 결과를 상사가 계속 확인하고 간섭해야 하는 부하도 있기 때문이다. 따라서 자신이 유능하다는 믿음을 상사에게 주지 못하면 부하는 원하는 꿈을 이루기 힘들다. 부서의 중요한 일이 한두 사람에게 집중되고 있다면, 자신을 되돌아보고 유능함에서 이미 멀어지고 있다는 것을 각성해야 한다.

자신이 참가하고 싶은 프로젝트에서 제외되거나, 원하는 시기에 승진하지 못하는 경우는 누구에게나 있을 수 있다. 이럴 때 자신이 부족하다고 생각하는 사람은 더욱 분발하여 다음을 준비하지만, 유능하다고 생각하는 사람은 오히려 상처를 크게 받는다. 자신이 노력한 결과에 대한 보상을 제대로 못 받는다고 울분을 토할 수도 있다. 그러나 자신이 유능하거나 부족하다고 생각하는 것은 모두 자기의 기준이다. 상사나 제3자의 입장에서는 다를 수 있다. 다만 스스로 부족한 점을 느낀다면 자신의 행동을 바꾸도록 관심을 가져야 한다. 이는 양자물리학자들이 말하는 '관찰자 효과', 즉 '실험자가 미립자를 입자라고 생각하고 바라보면 입자의 모습이 나타나고, 물결이라고 생각하고 바라보면 물결의 현상이 나타나는 것'과 같다.

김상운은 그의 저서 『왓칭』에서, 자신의 행동을 변화시키고 싶다면 새롭게 원하는 행동을 머릿속에 이미지로 그려, 미리 바라보라고 했다. 그러면 관찰자 효과에 따라 그 이미지가 현실로 나타나는데, 이미지를 어떤 방식으로 그리느냐에 따라 또 차이가 난다. 나를 나라고 상상하는 것보다 나를 남이라고 상상하는 게 훨씬 더 성공확률이 높다고 한다. 사람의 뇌에는 분노, 증오, 절망, 공포 등 부정적 감정에 불을 댕기는 '아미그달라'가 있는데, 이것은 생존을 책임지는 것이니만큼 생존에 위협이 닥치면 현대인도 원시인과 똑같이 폭발하고, 증오하고, 절망한다는 것이다.

UCLA 대학의 심리학자 리버만은 부정적인 감정이 일어날 때 사람들에게 "이건 분노야.", "이건 불안이야.", "이건 스트레스야." 등의 방식으로 딱지를 붙여 '제3자의 눈'으로 보게 했더니, 아미그달라가 거의 즉시 진정되는 것을 확인하였다. 또한 하버드 대학의 테일러 박사 역시, 조용히 주시하는 것만으로 부정적인 감정이나 생각이 90초 이내에 식어버린다고 했다. 즉, 부정적 생각이나 감정의 자연적 수명은 90초이다. 분노가 90초 이상 지속하는 것은 스스로가 화에 기름을 붓기 때문이다. "뭐, 저런 사람이 다 있어. 정말 이해 못 할 놈이네." 이렇게 스스로 기름을 부으면, 화는 90초가 넘어도 계속된다고 한다.

아무리 유능한 사람도 모든 것이 원하는 대로 되지는 않는다. 회사든 개인이든 삶에는 언제나 굴곡이 있다. 특히, 회사에서 승진이 되지 않거나 원하는 것이 이루어지지 않을 때는 크게 실망한다. 아미그달라가 크게 반응하는 것이다. 하지만 이미 일은 벌어졌고, 결과도 공표되었다. 이럴 때 나타나는 아미그달라는 즉시 진정시켜야 한다. 어차피 책임은 본인의 몫이다. 그렇지 않고 다른 사람에게 책임을 돌리거나 원망만 한다면, 당신은 더 큰 것을 잃게 될 것이다.

유능함은 입사할 때부터 만들어서 온 것일까, 아니면 입사 이후 새롭게 만들어 가는 것일까? 입사 이전에 갖춘 소양에 차이는 있을 수 있겠지만, 대부분의 유능함은 입사 이후에 만들어진다. 회사에서 신입사원을 선발할 때 출신학교와 전공, 자격증 등 요구하는 기준들은 많지만, 이것은 결국 입사하기까지의 과정이다. 일단 입사하면 모두가 같은 출발선에서 시작한다. 입사 관문을 통과한 사람은 회사에서 요구하는 일정 수준의 업무수행능력은 갖춘 것이다. 회사의 특성이나 구체적인 업무에 대해서는 다시 배우고, 부족한 것은 노력하면 된다. 오히려 입사 이후에 더욱 관심을 가져야 할 것은 품성과 태도이다. 이것들은 입사 때 평가하지 못한 것들이다. 하지만 입사 이후에는 개인의 품성과 태도가 더욱 중요하게 작용한다는 것을 알아야 한다.

모든 사람들이 원하는 것을 동시에 얻을 수는 없다. 조금 늦어진다고 인생의 패배자가 되는 것도 아니다. 더 큰 도약을 위해 잠시 몸을 움츠리는 것일 뿐이다. 하지만 결코 포기하거나 좌절해서는 안 된다. 기회는 내가 준비하고 노력하는 한 언제나 내 편이다. 나에게는 힘든 일도 버틸 수 있는 강인함과 유능함이 있다. 한순간 밀렸다고 영원히 밀리는 것도 아니다. 조금 늦어도 좋다. 마지막에 웃을 수 있도록 목표를 향해 지치지 않고 계속 달려가면 된다. 내가 진정 좋아하고 바라는 일을 꾸준히 하면, 기회는 뜻밖에도 찾아온다는 것을 잊지 마라.

위험보다 기회에 집중하라

문제를 보는 사람은 많다. 그러나 목표를 보는 사람은 소수다. 목표를
보는 사람들의 성공을 기록한 것이 역사이며, 문제를 보는 사람에게
주어지는 유일한 보상은 사람들에게 서서히 잊혀지는 것이다.
— 알프레드 몬타퍼트

문제를 해결하는 것은 '손해'를 예방하는 소극적인 일이지만, 기회를
포착하고 인식하는 것은 '결과'를 만들어내는 적극적인 일이다. 문제를
해결하는 것은 좋지만, 더 큰 성과를 내고자 한다면 자신의 관심과 역량
을 기회 활용에 투자해야 한다.

문제가 발생했을 때 그것을 해결하려는 데만 급급한 사람들이 있다.
그런 사람들은 문제 자체에만 집착한 나머지, 그 문제가 더 큰 기회가 된

다는 사실을 모른다. 그래서 안전한 환경을 원한다. 문제가 생기지 않을 만한 환경, 실패하지 않을만한 편안한 환경만을 추구하는 것이다. 즉, 위기를 극복하려는 자세가 없다. 이런 사람은 더 나은 기회를 찾아 도전하지 않는다.

『뜨거워야 움직이고 미쳐야 내 것이 된다』에서 김병완은 이렇게 말한다. "실패하는 것은 정말 두려운 것이 아니다. 정말 두려워해야 하는 것은 뼛속까지 살아보지 못하는 것이고, 자기 자신에게 기회를 주지 못한 채 평생 껍데기와 같은 헛된 삶을 살아가는 것이다. (중략) 우리는 자신에게 실패할 권리를 주어야 하고, 방황할 권리를 주어야 하고, 마음껏 도전할 권리를 주어야 한다. 실패하지 않았다는 것은 아무것도 시도하지 않았다는 것이거나, 자기 자신을 뛰어넘을 수 있는 그 어떤 위험한 도전을 한 번도 하지 않았다는 것을 의미한다."

긍정적인 사람들은 위기를 극복하려는 의욕이 강하다. 그들에게 위기는 오히려 기회가 된다. 이에 대해『열정 능력자』에서 랜드럼도 비슷한 말을 한다. "환경이 확실할수록 위험 감수에 따른 보상은 형편없이 줄어들고, 환경이 불확실할수록 위험을 감수하려는 의욕은 강해진다. 즉, 주변 여건이 나쁘면 위험 감수가 좀 더 일반적인 현상이 되고 주변 여건이 좋으면 위험을 감수하려 하지 않는다는 의미다. 흔히 낙관주의자들은 무모함으로 대결하고, 비관주의자들은 두려움 때문에 가진 것을 잃는다고 한다. 비관적인 사람들은 부정적인 행위에서만 위험을 감수하기 때문에 긍정적인 기회를 잡지 못한다. 그래서 그들은 어떤 상황에서도 잃게 되어 있다. 낙관주의자들은 성공과 실패를 내면화하여 어떤 결과가 되든 거기에 따르는 책임을 진다." 이들에겐 오직 두려움이 적일 뿐, 위험은 결코 적이 아니다.

위기는 누구나 겪는다. 개인도 겪을 수 있고 기업도 겪을 수 있다. 위험하다고 피하기만 하면 일상적인 생활 속에 안전할 수는 있겠지만, 결코 발전하거나 도약하지는 못한다. 평안함에 안주하는 순간 곧바로 위험이 찾아온다. 오랫동안 한 직장에 근속하면서 자기계발이나 자신의 핵심역량을 개발하지 않아도 그 직장에서 근무하는 데는 특별한 문제가 없다. 기존의 경험만 가지고도, 두각을 나타내지는 못해도 일상적인 생활은 가능하다. 그러나 자기계발을 하지 않고 핵심역량을 발굴하지 않으면, 회사를 그만둔 후 새로운 일을 준비할 때 문제가 생긴다. 퇴직까지 갈 것도 없다. 회사 내에서 부서만 이동해도 문제가 발생한다. 그러므로 지금 현직에 있는 동안 최선을 다해 자기계발을 하고 핵심역량을 강화해야 한다. 그렇지 않으면 어려운 상황에 부닥쳤을 때 통한의 눈물을 흘리게 될 것이다. 하지만 어디에서도 적용할 수 있는 자신만의 핵심역량이 준비되어 있다면, 불안은커녕 새로운 기대에 대한 희망으로 가슴이 설렐 것이다. 이런 사람에게 퇴직은 위험이 아니라 오히려 기회이다. 경험에 핵심능력까지 갖추고 있기 때문에 자기가 하고 싶어 하는 일은 무엇이든 할 수 있는 것이다.

회사에서 승진을 하든 어려움에 처하든 심지어 퇴직을 하든 모든 것은 위험과 기회를 동시에 가지고 있다. 오죽하면 인생만사 새옹지마라 하겠는가? 중요한 것은 위험을 기회로 만들고 집중하기 위해서는 철저한 준비가 필요하다는 것이다.

〈유튜브〉에서 본 사례이다. 유사한 제품을 놓고 경쟁하는 A, B 두 기업이 있었다. A 기업은 규모가 컸지만 '시장 상황' 때문에 판매사원 출장비를 삭감했다. 그 결과 판매팀이 현재 고객과 신규 고객을 방문할 수 있는 횟수가 많이 감소했다. 그 소식을 듣자마자, 규모가 작은 B 기업의 CEO는 지금이 기회임을 감지하고 대대적인 마케팅 작업에 착수했다. 그는 판매팀을 만나 전략적으로 중요한 상품을 판매할 경우 수수료를 올려주겠다고 제안했다. 또한 신규 고객을 영입해올 때마다 보너스를 지급했다. 그리고 사원 한 명을 채용해, 고객에게 전화를 걸어 판매사원과 약속을 잡는 일을 전담시켰다. B 기업은 가능한 모든 고객을 접촉하면서 자신들의 고객 서비스 수준을 높였으며, 경쟁 기업이 판매한 기계까지도 수리해주었다. 더불어 '아무것도 묻지도 따지지도 않는 보증방침'을 채택했다. 그리고 매일 아침 판매팀을 독려했다. "우리의 시장점유율은 100%가 아닙니다. 따낼 일이 아직 많습니다. 가서 잡아 오세요." 이후의 결과는 실로 놀라웠다. B 기업의 CEO는 직원들에게 말했다. "만약 우리가 경쟁하는 A 기업이 우리처럼 했다면, 우리는 망했을 것입니다. 우리는 분명 큰 피해를 보았을 것입니다. 그들에게는 돈이 있고, 고객도 있었습니다. 하지만 이제는 모든 것이 우리에게 있습니다."

위기를 바라는 기업은 없다. 하지만 위기는 닥치게 마련이다. 문제는 어떻게 이를 극복하고 도약의 기회로 삼느냐 하는 것이다. 오늘날 성공한 기업치고 큰 위기를 한두 번 이상 겪지 않은 기업은 없다. 하지만 이 기업들은 이러한 위기를 오히려 기회로 활용해 오늘날의 성공을 이룬 것이다.

FACT 8 기회機會

『리틀 빅씽』에서 톰 피터스는 이렇게 말했다. "세상은 누가 이익을 보면 반드시 누가 손해를 보게 되어 있다. 마찬가지로 누군가의 불행은 누군가의 새로운 기회가 된다. 글로벌 금융위기는 많은 사람을 고통에 몰아넣었다. 따라서 이 같은 시련기에는 반드시 기회의 시간이 숨어 있다. 어떻게 기회를 잡을 것인가? 그것은 사려 깊게 행동하는 분별력에서 찾아야 한다. 위기의 순간에 중요한 것은 개인과 기업의 성품, 즉 행동방식이다. 지나치게 분별없이 행동해서는 안 된다. 경쟁자의 고객을 끌어오려면 공정한 경쟁의 방식이 있어야 한다. 위기에 현실적으로 대응하되, 분별력을 잃어서는 안 된다."

위험과 기회는 상관관계가 있다. 당신은 위험을 피할 것인가, 아니면 도전할 것인가? 위험이 사라지면 기회도 사라진다. 큰 위험에 도전하면 그만큼 기회도 클 것이며, 작은 위험에 도전하면 그만큼 기회도 적을 것이다. 위험이 없는 평탄한 길만 간다면 기회는 아예 없다. 하지만 잊지 말라. 기회를 잡으려면 반드시 관련 분야에 능력을 갖추고 철저한 준비를 해 놓아야 한다. 아무리 커다란 기회가 찾아와도 자신이 준비되어 있지 않으면 소용없다. 그 기회는 준비된 자에게 가버릴 것이다. 힘들고 어려운 일이라도 조금의 기회나 가능성이 보인다면 도전하라. 아니 가능성이 희박해도 열정적으로 할 수만 있다면 최선을 다해 도전하라. 그래야 큰 성공을 이룬다.

하고 싶은 일은
여건을 갖춘 후에 하라

● "지금 자면 꿈을 꿀 수 있지만, 안자면 꿈을 이룰 수 있다고 생각했습니다. 연습에는 장사가 없으니 죽을 만큼 노력하자, 안심하면 무너진다, 그런 생각뿐이었죠. 제게는 노력이라는 칼이 있으니까, 불안감을 연습으로 극복했습니다. 120%를 준비해야 무대에서 100%의 실력을 발휘할 수 있습니다. 준비가 되어 있지 않으면 저는 아예 시작도 하지 않습니다."

이 말은 2006년 〈타임지〉 선정 '세계에서 가장 영향력 있는 100인'에 포함된 월드 스타 가수 '비'가 인터뷰에서 한 말이다. 간절히 바라는 꿈과 인생의 목표를 이루기 위해서는 철저히 준비해야 한다는 것을 강조했다. 철저한 프로 세계에 있는 그는 지독한 연습벌레로 잘 알려져 있다. 실제로 그는 하루에 3시간밖에 자지 않으며 연습을 했다고 한다.

두 명의 지휘관이 있었다. 둘 다 전쟁에서 승리하기를 원했다. A 부대의 지휘관은 전쟁에 대비하여 부대를 매일 강인하게 훈련시켰다. 그래서 병사들의 불평과 원성이 컸다. 반면 B 부대의 지휘관은 병사들의 사기를 높인다고 거의 매일 휴식과 여흥을 베풀었다. 당연히 인기가 좋았고, 병사들의 만족도도 높았다. 그러던 어느 날 실제로 전쟁이 일어났다. 강인한 훈련을 받은 A 부대는 병력의 손실 없이 완승했다. 그러나 인기에 영합한 지휘관 때문에 훈련보다는 놀기에 바빴던 B 부대는 결국 전멸하고 말았다.

아무리 하고 싶은 것이 있어도 준비가 되어 있지 않으면 할 수가 없다. 그러면 무엇을 어떻게 준비해야 하는가? 우선은 하고 싶은 목표가 있어야 한다. 목표가 설정되어 있지 않은 상태에서 준비한다는 것은 모래 위에 지은 집과 같아 언제 무너질지 모른다. 무엇을 하고 있는지 어디로 가고 있는지를 모르기 때문이다. 목표가 정해지면 다음은 장기적으로 그것을 어떻게 준비해 나갈지 기간과 방향을 정해야 한다. 이때 가장 먼저 할 것은 자신을 살펴보는 것이다. 자신이 정말 하고 싶은 것, 그리고 잘하는 것을 찾아내야 한다. 모든 구체적인 계획은 여기에서 시작된다.

〈세바시〉 강연 중 이런 내용이 있었다.

어린 낙타가 엄마 낙타에게 물었다. "엄마! 우리는 왜 눈썹이 길어?"

엄마 낙타가 말했다. "사막을 가는데 먼지가 많으니까 눈썹이 길지."

어린 낙타가 또 물었다.

"엄마! 우린 발이 왜 이렇게 뭉뚝해?"

"모래 위를 걸어야 하기 때문에 발이 뭉뚝한 거야!"

"엄마! 왜 우리는 등에 봉우리가 두 개 있어?"

"먼 길의 사막을 가니 영양분을 담기 위해서 그렇단다."

그러자 어린 낙타가 엄마 낙타에게 다시 물었다.

"그런데 왜 우리는 동물원에 있어?"

그렇다. 낙타에게 아무리 능력이 많아도 동물원에 있으면 소용이 없다. 그러므로 자신을 되돌아보라. 자신의 능력이 동물원 안에 갇혀있지는 않는가? 광활한 대지에서 활발하게 뛰어다녀야 하지 않겠는가? 그러므로 자신의 숨겨진 능력을 찾아내야 한다. 그래야 마음껏 펼칠 수 있다.

그러면 하고 싶은 일은 어떻게 준비해야 하는가? 여기에는 보통 두 가지 상황이 펼쳐진다. 하나는 정년퇴직이든 명예퇴직이든 더 이상 회사에 근무하기 어려운 상황이 되는 경우이고, 또 하나는 스스로 원하는 일을 찾아 나서는 경우이다. 첫 번째 경우는 언제 퇴직을 할지 예상할 수 있기 때문에 준비할 수 있는 시간적 여유가 있다. 준비는 주로 퇴근 이후의 시간을 잘 활용하면 된다. 여기서 중요한 것이 있다. 만약 50대나 60대에 퇴직한다면 앞으로 일할 시간까지 고려해야 한다. 오랫동안 자신의 일을 하고 싶다면 수입은 조금 적더라도 가능하면 연령에 무관하게 할 수 있는 일을 선택하는 것이 좋다. 무엇보다 자신의 능력에 맞는 일을 찾아야 한다.

다음은 스스로 퇴직을 원하는 경우다. 회사에서 원하는 바를 성취하지 못했든, 인간관계에 문제가 있든, 혹은 회사를 나가서 하고 싶은 뚜렷한 일이 있든, 어쨌든 스스로 퇴사하기로 결정했다면, 그 사람은 반드시 준비 기간을 가져야 한다. 얼마나 준비할지는 사람마다 다르겠지만, 최소한 1년 이상은 준비해야 한다는 것이 대체적인 의견이다. 하지만 원하는 것을 위해 준비한다고 하더라도, 현재 자신이 하고 있는 일을 소홀히 하거나 회사에 불편을 끼쳐서는 안 된다. 회사에서 맡은 일은 평소와 다름없이 최선을 다해 수행해야 한다. 자신의 준비는 퇴근 이후에 해야 한다. 떠날 준비를 한다고 현재의 회사에 불편한 상황을 만든다면, 자신의 그런 행동이 나중에 부메랑이 되어 발목을 잡을 수도 있다. 관계는 모두 연결되어 있기 때문이다.

그 어떤 경우에도 현재의 회사생활에는 최선을 다해야 한다. 퇴직한다고 현재의 생활에서 열정과 의욕이 약해지는 사람은 새로운 일을 준비할 때에도 절박함이 없어진다. 오히려 느슨한 준비 탓에 전직에 대한 불안과 부담만 증가할 것이다. 따라서 새로운 일을 준비하는 사람일수록 현재 일에 충실해야 한다. 그래야 새로운 일에도 기회를 잡을 수 있는 것이다.

에릭 시노웨이와 메릴 미도우의 저서 『하워드의 선물』에는 이런 말이 있다. "목표를 이루는 데 있어 근거 있는 자신감과 '모든 게 식은 죽 먹기'라는 근거 없는 생각 사이에는 엄연한 차이가 있다. 그것은 생각하는 것과 동경하는 것, 계획하는 것과 희망하는 것, 아는 것과 바라는 것의 차이다. 직업적인 성공과 만족은 운의 문제가 아니다. 목표를 달성하는 사람들은 자신이 정말 잘하는 것, 좋아하는 것, 그리고 그 직업을 위해 갖추어야 하는 것 사이에서 강력한 조합을 만들어 냈다."

자신이 하고 싶은 일을 준비하는 것은 직장인이라면 누구나 꿈꾸는 일이다. 하지만 그것을 퇴사 이후의 일로 한정할 필요는 없다. 현재 직장에 최선을 다하는 것도 꿈과 목표를 향해 달리는 것이라면, 하고 싶은 일을 하는 것이다. 개인의 상황에 따라 새로운 일을 준비하고 또 도전할 수는 있다. 하지만 무엇이든 즉흥적으로 하지는 마라. 특히 위험성이 있는 일이라면 최선을 다해 준비하여 위험을 줄여야 한다. 성공을 위해 시간을 충분히 가지며, 더욱 신중하고 철저하게 준비하라는 것이다.

『뜨거워야 움직이고 미쳐야 내 것이 된다』에서 김병완은 이렇게 말한다. "하루를 성공한다는 것은 24시간을 누구보다 알차게, 그리고 효과적으로 보낸다는 것이다. 성공하기 위한 자기관리가 필요한데, 자기관리의 핵심은 시간 관리이다. 성과를 올리는 사람은 일에서 시작하지 않는다. 시간에서 시작한다. 계획으로부터 시작하지 않는다. 무엇에 시간을 빼앗기고 있는가를 분명히 하는 것에서 시작한다. 그다음에는 시간을 낭비하는 비생산적인 요구를 멀리한다. 마지막으로 이렇게 얻어진 여분의 시간을 효과적으로 배치한다." 즉, 인생을 성공하기 위해서는 하루를 성공해야 하며, 그러기 위해서는 시간 관리에 성공해야 한다는 것이다.

퇴근 이후의 시간은 자기계발과 하고 싶은 일을 준비하는 데 적극적으로 활용하라. '지금까지의 경험으로 무엇이든 되겠지' 하는 마음으로는 원하는 것을 얻을 수 없다. 잘하는 것, 하고 싶은 것에 대한 자기분석을 철저히 하여, 무엇을 할 것인지를 확정해 나가라. 한 가지 일에만 집중할 수도 있겠지만, 그것보다는 그와 연관된 다른 분야도 같이 준비하는 것이 좋다. 다양한 옵션을 갖추는 것도 좋은 방법이다.

가보지 않은 길을 간다는 것은 누구에게나 큰 부담이다. 최선을 다해 준비했다고 해도 불안한 것은 마찬가지다. 그러므로 시간적인 여유를 가지고 차분하게, 다양하게, 그리고 철저히 준비하라. 무엇보다 지금 하는 일을 최선을 다해 완수하는 것이 중요하다. 그러한 성실성과 책임감이 없으면 어디 가도 환영받기 어렵다.

아쉬운 은퇴는 있어도
아름다운 은퇴는 없다

● 아무리 좋은 회사도 정년이 되면 더 이상 근무할 수 없다. 정년은 누구도 피할 수 없는 것이다. 하지만 정년이 될 때까지 최선을 다해 살 수 있다면 그것처럼 멋진 삶이 없을 것이다. 나는 그렇게 살았다고 자부한다. 비록 어려움도 있었지만 직장은 내 꿈을 펼치고 삶을 유지시켜 준 소중한 곳이다. 그동안 회사에 충성을 다한 삶에 대해 나는 만족한다. 이제 새로운 삶을 준비할 시간이다. 오랫동안 해 왔던 익숙한 일이든 아니면 전혀 새로운 일이든 무엇인가를 준비해야 한다.

은퇴를 아름답게 한다는 것은 어쩌면 이상적인 이야기일 것이다. 오랫동안 직장생활을 하고 은퇴하는 사람은 대체로 정년이 되었다거나 정년 전에 명예퇴직을 하는 경우다. 같이 생활하던 동료들 중 일부 이들의 퇴직을 아쉽게 생각하는 사람들도 있겠지만, 대부분은 퇴직을 하든 안 하든 관심이 없다. 모두가 자기 일에 바쁘기만 하다. 그저 세월이 흘렀으니까 퇴직하는 것뿐이다. 직장이든 삶의 다른 영역이든 나이가 들면 세대교체를 한다. 지금까지 함께 생활한 동료나 부하 직원, 혹은 내가 잘 대해준 사람들에게 섭섭한 마음이 든다면 빨리 잊는 게 좋다. 나도 앞서 퇴직한 사람들에게 똑같이 대했다. 아쉽게 생각한다는 것 자체가 아직도 그들에게 기대감이나 기댈 것이 있다고 생각하는 것이다. 하지만 그들은 아무도 그렇게 생각하지 않는다. 다음에 혹여나 연락이 오면, 그때 편하게 대화하면 그만이다.

하지만 회사를 퇴직할 때까지 지켜야 할 것이 있으니, 그것은 마지막 순간까지 최선을 다하는 것이다. '헤어질 때 잘하라'는 말도 있듯이, 회사에서 마무리를 불편하게 하고 나오면 두 번 다시 만회할 기회가 없기 때문이다. 설령 자신에게 조금은 불편한 것이 있더라도, 자신을 위해서라도 잘 마무리하고 나와야 한다. 그렇게 해야 다음에라도 같이 근무했던 동료나 부하직원들을 만날 수 있다. 자신은 마무리를 불편하게 하고 나왔으면서 다른 사람에게 잘하라고 말할 수는 없다. 새로운 일을 하면서 퇴직 전의 회사와는 조금이라도 관계가 없는 것이 좋겠지만, 아쉬운 이야기를 해야 할 일이 생길지 사람 일은 모르는 것이다. 부하직원 입장에서도 끝나는 순간까지 마무리를 잘하고 나간 선배나 상사가 찾아와야 도와줄 방법이라도 찾는 것이지, 그렇지 못한 사람이라면 불편한 마음만 갖게 된다.

때에 따라서는 어쩔 수 없이 퇴사를 결정해야 할 수도 있다. 예를 들면, 승진이나 보직이 원하는 대로 되지 않은 것이다. 그렇다고 실망하진 마라. 퇴직하는 상황이 되면 어차피 나와야 한다. 결과는 이미 정해진 것이다. 그동안 충성을 다했는데 나에게 이럴 수 없다고 원망해본들 자기만 초라해진다. 차라리 모든 것을 스스로 결정하고 당당하게 나오는 게 좋다. 대신 다음부터는 철저히 준비하여, 지금같이 남에게 떠밀려 나오는 일이 없도록 해야 한다.

은퇴를 위해서는, 앞 장에서도 말했지만 모든 것을 잘 준비해야 한다. 퇴근 이후나 주말 시간을 이용하여 자신이 하고 싶은 것을 배우되, 비용이 얼마가 들더라도 가능하면 최고의 전문가에게 직접 배워라. 대신 최소한 10배 이상은 수입을 창출할 수 있어야 한다. 나이가 들어갈수록 경험은 있겠지만 최신 기술이나 트렌드에 대해서는 알기 어렵기 때문에 자신이 원하는 시장도 분석하고, 전문성과 연계하여서 할 수 있는 일을 구체화해야 한다. 이렇게 배우고 그것을 토대로 세부적인 준비를 해도, 막상 시작해서 안정되기 전까지는 불안하고 부담이 된다. 그래서 그 분야의 최고 전문가에게 배우라는 것이다.

나이가 들면 비용을 주고 배우려는 것을 망설이는 경우가 많다. 하지만 이렇게 생각해보라. 대학을 졸업하고 첫 직장을 구할 때는 경험은 없지만 젊음과 패기가 있었다. 이때 요구되는 능력은 경험이 아니었다. 시간과 젊음이 있으니 기본만 할 수 있으면 회사에 입사해서 배우면 된다. 하지만 지금은 완전히 다르다. 오랜 직장생활을 통해 경험과 전문성은 갖췄으나, 이미 회사에서 밀려난 중년의 나이다. 집안에서는 자녀의 학비나 결혼자금 등 경제적 지출은 많아지는데, 주된 수입원으로부터는 분리되고 노후 준비도 만족스럽지 못해 불안하기만 하다. 그런데 더 큰 문제는 평균 수명 연장으로 앞으로도 몇십 년은 더 살아야 한다는 것이다. 마음은 젊어 어떤 일이든 할 수 있을 것 같고, 해야 한다는 의욕은 넘치나, 정작 내가 할 수 있는 것이 무엇인지 혼자서는 찾기가 쉽지 않다. 혼자서 찾을 수 있었으면 고민도 하지 않았을 것이다. 그래서 전문가를 찾아가야 한다. 전문가를 찾아가더라도 만족스러운 답을 얻지 못할 수 있겠지만, 적어도 방향성은 얻을 수 있다. 어차피 최종 결정은 내가 하는 것이다.

미국의 케이블 TV 사장 밥 버포드는 40대를 인생의 전반전을 끝낸 '하프타임'이라고 한다. 하프타임에 어떤 기획을 하는가에 따라 인생의 후반부가 완전히 달라진다는 것이다. 그렇게 잘 준비한다면 제2의 전성기를 누릴 수 있다. 우리나라의 경우 일반적인 정년은 60~65세다. 그래서 50대 전후로 퇴직을 한 사람이 새롭게 직장을 구해도, 60세가 되면 다시 직장을 구해야 한다. 50대에도 힘들게 직장을 구했는데, 60대에 다시 직장을 구한다는 것은 결코 쉬운 일이 아니다. 물론 이 나이가 되면 일하지 않고 쉬겠다는 사람도 있다. 하지만 평균수명의 연장으로, 요즘은 70세가 넘어도 경제활동을 해야 한다는 인식이 점점 확대되고 있다. 앞으로는 건강이 허락한다면 일거리를 찾는 연령이 점점 높아질 것이다.

그러면 어떤 분야를 준비하는 게 좋을까? 앞장에서도 말했지만, 자신이 가장 잘하거나 가장 하고 싶은 것을 찾아라. 그것을 중심으로 관련 분야의 일들을 찾되, 하나만 찾지 말고 여러 가지를 다양하고도 중첩되게 찾아라. 무엇보다 나이에 상관없이 오랫동안 할 수 있는 일을 준비해야 한다. 이왕이면 그동안의 경험이나 능력을 살린 일이 좋되, 지식산업과 같이 자본금이 많이 들지 않는 것이어야 한다. 방향이 정리되면 전문가를 통해서 여러 가지 방법으로 도움받을 것을 권한다. 자신만의 차별화된 능력과 전문성을 가지고 브랜드 관리를 하면서 준비하면 성공의 가능성이 높다. 그렇다. 어떤 경우라도 전문성을 가지고 준비해야 한다. 유럽에서는 은퇴자들이 자신의 경험을 활용하여 컨설팅 활동을 하는 것이 자리 잡고 있다고 한다. 자기 분야에서 전문성을 가지고 지도할 수 있는 프로세스와 능력이 있다면, 그것도 자기의 분야로 검토해 볼 필요성이 있다.

나이가 들어 직장을 그만둔다면 많이 아쉬울 것이다. 일을 그만두고 쉴 수 있으면 좋겠지만, 그렇지 못하다면 제2의 인생을 철저히 준비해야 한다. 최고의 전문가와 함께 준비하라. 나이와 무관하게 오랫동안 할 수 있는 일을 준비하라. 두 번째 삶은 자기 주도의 삶이 되기를 바란다. 은퇴할 때에는 옛 동료와의 관계도 생각하라. 그동안 열심히 울리던 내 전화기가 정말이지 조용하다. 혹자는 고장 난 줄 알았다고 말한다. 그것은 모두가 겪는 공통된 사항이니 원망할 필요가 없다. 나 자신도 앞서 퇴직한 사람들에게 얼마나 연락하며 지냈는지를 생각하면 기대하지 않는 게 좋다. 하지만 이들이 스스로 연락하게 하는 방법이 있다. 내가 도움을 받기 보다는 그들이 부러워하는 위치, 도움을 줄 수 있는 위치에 있으면 되는 것이다.